Qualidade e Satisfação em *Shopping Centers*
Um caso real

CLODOALDO LOPES NIZZA JÚNIOR

Coleção Estado da Arte

Qualidade e Satisfação em *Shopping Centers*
Um caso real

CLODOALDO LOPES NIZZA JÚNIOR

Série FACE - FUMEC
Belo Horizonte - 2005

Editora C/ARTE

Editor
FERNANDO PEDRO DA SILVA

Conselho editorial
ANTÔNIO EUGÊNIO DE SALLES COELHO
DIMAS DE MELO BRAZ
ELIANA REGINA DE FREITAS DUTRA
LÍGIA MARIA LEITE PEREIRA
LUCIA GOUVÊA PIMENTEL
MARIA AUXILIADORA DE FARIA
MARÍLIA ANDRÉS RIBEIRO
MARÍLIA NOVAIS DA MATA MACHADO
OTÁVIO SOARES DULCI

Revisão
MARIA DO CARMO LEITE RIBEIRO

Projeto gráfico e capa
MARCELO BELICO

Todos os direitos reservados. Proibida a reprodução, armazenamento ou transmissão de partes deste livro, através de quaisquer meios, sem prévia autorização por escrito.

Direitos exclusivos desta edição:

Editora C/ Arte
Av. Guarapari, 464
Cep 31560-300 - Belo Horizonte - MG
Pabx: (31) 3491-2001
com.arte@comartevirtual.com.br
www.comarte.com

N737q   Nizza Júnior, Clodoaldo Lopes, 1967-
           Qualidade e satisfação em shopping centers – Um caso real / Clodoaldo Lopes Nizza Júnior; [Editor: Fernando Pedro da Silva] - Belo Horizonte: C/Arte, 2005.

           120 p. : il. - (Coleção Estado da Arte) (Série FACE-FUMEC)
           ISBN : 85-7654-027-4

           1. Clientes - satisfação - avaliação. 2. Marketing - administração. 3. Qualidade dos produtos. 4. Serviço ao cliente. 5. Controle de qualidade. I. Título. II. Série. III. Série.

                                             CDD: 658.81202854678
                                             CDU: 658.8

Dedico este livro à minha amada esposa Nádia, pela paciência e apoio incondicionais; ao meu pai, que, mesmo longe de mim, mas próximo de Deus, deu-me a base de o tudo que sou; à minha mãe, pela educação e dedicação, aos meus irmãos e amigos que contribuíram para a realização desta obra.

Agradecimentos

Agradeço, primeiramente, ao meu orientador Cid Gonçalves Filho, que em todos os momentos usou toda a sua indiscutível competência, honestidade e capacidade de motivação, características tão notórias desse mestre dedicado e amigo, na realização deste livro.

Ao Betim Shopping, pelo apoio à pesquisa e ao desenvolvimento do setor de *shopping centers*, na pessoa de seu superintendente e amigo, Tarcísio Manso Villela.

À Universidade Fumec e aos diretores Profs. Antônio Eugênio Sales Coelho, Dimas de Melo Braz e Maria da Conceição Rocha, pelo apoio a esta publicação.

À Profa. Renata Guerra, pelo incentivo e orientação junto ao Departamento de Pesquisa e Extensão da Universidade Fumec.

Ao pesquisador Alexandre de Moura, por sua incansável vontade de melhorar este trabalho, demonstrando grande competência técnica.

Aos professores Dr. Mauro Calixta Tavares e Dr. Carlos Alberto Gonçalves, cuja contribuição foi, sem dúvida, essencial para a melhoria desta obra.

À Profa. Silvia Fiúza, incansável na vontade de ajudar e nas horas dedicadas à correção deste livro.

Aos meus pais, amigos, irmãos e irmãs, pelas horas ausentes e incentivo a mim dedicados durante a elaboração deste trabalho.

A todas as pessoas que, direta ou indiretamente, colaboraram para que este trabalho fosse realizado.

A Deus, que me deu a vida e a chance de crescer intelectual e moralmente, e que vem me protegendo e iluminando durante todos os momentos da minha existência.

Sumário

	Prefácio	11
Parte I	O VAREJO DE *SHOPPING CENTERS* NO BRASIL E OS MODELOS DE MENSURAÇÃO DA SATISFAÇÃO	

Introdução 15

Canais de *Marketing* 17
    O setor de varejo 18
    Os benefícios do varejo 18
    O lado social do varejo 20
    O varejo no Brasil 20

Shopping Centers 22
    A importância econômica dos *shoppings* no Brasil 22
    Os índices de satisfação 25
    Perfil do consumidor de *shopping center* 26

Índices de Satisfação de Clientes:
Histórico e Visão na Europa 27
    Introdução 27
    Técnicas de mensuração 28
    Propriedades dos índices de satisfação do cliente 29
    Propriedades do modelo ECSI 31
    Condicionantes dos modelos de mensuração da satisfação dos clientes 32
    Estrutura do modelo ECSI 33
        Variáveis de medida 35
    O Modelo ACSI – American National Satisfaction Index 35
        Mensuração de satisfação, modelo ACSI e predição de resultados 38

Satisfação e Processo de Consumo 40
    Processo de comparação: operadores de comparação 40
    Processos psicológicos 43

Parte II	MENSURAÇÃO DE SATISFAÇÃO, QUALIDADE, LEALDADE, VALOR, EXPECTATIVA E IMAGEM: UM ESTUDO EMPÍRICO EM *SHOPPING CENTER*	

Modelo Estrutural da Pesquisa 53
Metodologia 55
    Estratégia da pesquisa 55
    Tipo de pesquisa 55
    Universo, amostra e período de estudo 56
        Universo da pesquisa 56

Amostra	56
Unidade de análise	56
Unidade de observação	57
Coleta de dados	57

Análise Exploratória dos Dados e Verificações das Medições   58

Análise exploratória dos dados	58
Análise dos dados ausentes	58
Análise de valores extremos	59
Análise de linearidade	59
Validade das medidas	59
Validade de conteúdo	59
Unidimensionalidade das escalas de mensuração e verificação de fatores nos construtos	60
Análise de confiabilidade por meio da análise de consistência interna e determinação dos fatores das escalas	63
Análise de confiabilidade por meio da variância extraída	81
Análise da validade discriminante	84
Validade convergente	85
Análise de confiabilidade – Alfa de Cronbach e unidimensionalidade e desenvolvimento da escala de qualidade percebida em *shopping centers*	85
Fase explicativa	88
Equações estruturais – metodologia e aplicação técnica	88
Número de observações necessárias para equações estruturais	88
Testes de modelos estruturais	90
Teste de hipóteses de pesquisa	93

Conclusões   95

Implicações acadêmicas	96
Implicações gerenciais	96
Limitações e diretrizes para futuras pesquisas	97

Referências   99

Apêndice A
Questionário da pesquisa   103

Apêndice B
Análise descritiva dos dados   111

Prefácio

Prezados Leitores,

O aumento da competitividade em níveis nacional e internacional tem forçado as empresas a focarem suas ações em gestão profissional e informação estratégica. Uma forte orientação ao mercado se faz necessária em um cenário de crescimento do número de *shopping centers* e lojas de varejo no Brasil. O cenário brasileiro passa a se aproximar do norte-americano, onde existem mais de 35.000 *shopping centers*, sendo que a maioria se encontra meio vazia. A saturação de mercado exige estratégias de diferenciação eficazes e capacidade de discernir entre as diversas opções estratégicas disponíveis.

Nesse sentido, Clodoaldo Lopes Nizza Júnior traz uma forte contribuição com este livro, ao nos fornecer forte compreensão do que é a qualidade percebida pelos clientes de um *shopping center* e de como medi-la.

Sugere-se a leitura deste livro aos gestores de *shopping centers* e de centros varejistas, como uma base prática e teórica sobre o tema, salientando que este trabalho contribui para o desenvolvimento do *marketing* e do varejo no Brasil.

Prof. Dr. Cid Gonçalves Filho
Universidade FUMEC

PARTE I
O varejo de *shopping centers* no Brasil e os modelos de mensuração da satisfação

Parte I

Introdução

A acirrada competição e a busca de sobrevivência em mercados cada vez mais globalizados têm exigido das organizações um profundo conhecimento de seus mercados e, principalmente, de seus clientes, que mudaram drasticamente: são mais informados, mais exigentes, mais práticos e buscam, cada vez mais, um melhor custo/benefício para satisfazerem suas necessidades. Avaliam diversos fatores durante o consumo de produtos e serviços, que vão além do produto genérico e seus atributos (Engel, 1995).

Mckenna (1993) expõe que o sucesso das organizações depende de sua visão orientada para o consumidor, buscando seu conhecimento no que tange às suas expectativas e sua percepção de valor. Assim, o desenvolvimento de pesquisas de satisfação oferece aos profissionais de *marketing* um melhor direcionamento de seus esforços, pois passam a se basear em informações ligadas às percepções dos clientes, o que promove um melhor direcionamento de suas decisões de *marketing* nas organizações em que atuam.

O setor de *shopping centers*, base deste trabalho, conforme dados da Abrasce – Associação Brasileira de Shopping Centers, ocupa uma posição relevante na economia nacional, bem como um lugar de destaque na economia mundial. Sua presença significativa no Brasil teve início em 1966, com a inauguração, em São Paulo, do *Shopping Center* Iguatemi, e, a partir daí, esse setor vem aumentando importância econômica e social no país.

Embora ocorra um crescimento desses centros de compras, pouco se tem pesquisado sobre a satisfação de clientes em seu interior. O estudo aqui proposto surgiu de uma necessidade gerencial e acadêmica de se encontrar formas de medir a satisfação dos consumidores de *shopping centers*. Observando-se o caso de um *shopping* da Região Metropolitana de Belo Horizonte, verifica-se que houve uma grande necessidade de se obter respostas para diversos questionamentos de sua direção, ligados à imagem do *shopping* perante seus clientes, com o objetivo de gerar ações de *marketing* que fossem compatíveis com seus recursos e, ao mesmo tempo, conseguissem atingir de maneira eficaz seu público-alvo.

Este livro aborda o desenvolvimento e testa instrumentos que permitem avaliar a satisfação dos consumidores de *shopping*, a partir de suas percepções de valor, qualidade, lealdade, imagem, satisfação e expectativas.

Dessa forma, e no intuito de facilitar seu entendimento, ele constitui-se de duas partes. Na primeira, foi realizada uma revisão de literatura, abordando o setor de varejo e os *shoppings* no Brasil, e as escalas de medição de satisfação mais modernas (modelos americano e europeu).

Na segunda parte, demonstramos o desenvolvimento e os resultados de uma pesquisa empírica sobre a medição de satisfação, qualidade, lealdade, valor expectativa e imagem, realizada em um *shopping center* da Região Metropolitana de Belo Horizonte, Minas Gerais, trazendo novas possibilidades e reflexões para os gestores do setor e pesquisadores da área de estratégia e *marketing*.

Ressalta-se que os resultados da pesquisa, apresentados na Parte II, foram publicados no POMS – Production and Operations Management, Society, congresso internacional realizado em Chicago USA, em abril de 2005, gerando grande interesse por parte de pesquisadores de diversos países de todo o mundo.

Canais de *Marketing*

Toda empresa utiliza algum canal para levar seus produtos/serviços ao mercado e interagir com seus consumidores. Em geral, esse sistema é conhecido como Canal de Distribuição.

Esse conceito, no entanto, como expõem Semenik e Bamossy (1996), foca apenas o produto ou serviço colocado no mercado, deixando de lado partes importantes do sistema, como divulgação da marca, informações ao mercado, posicionamento da empresa, propaganda e promoções. Dessa forma, implica compreender o real conceito que envolve as decisões enfrentadas pelas empresas no desenvolvimento, administração, avaliação e modificação de seus canais, bem como quais tendências estão ocorrendo na dinâmica dos canais e de que modo as empresas podem criar vantagens a partir do desenvolvimento de estratégias junto aos canais.

Para Kotler e Armstrong (1993), os canais de *marketing* são formados por um grupo de organizações interdependentes envolvido no processo de tornar um produto ou serviço disponível para uso ou consumo do usuário-consumidor ou industrial. A utilização de instituições especializadas na intermediação é considerada como fator determinante na própria constituição dos canais de *marketing*, na medida em que permitem um funcionamento mais eficiente da economia. A utilização ou não desses intermediários é uma decisão importante, e é uma decisão estratégica.

Além disso, os canais de *marketing* podem ser vistos como um conjunto de organizações interdependentes, envolvidas no processo de tornar um produto ou serviço disponível para uso ou consumo (Kotler; Armstrong, 1993).

Na análise de Semenik e Bamossy (1996), as decisões de distribuição afetam todo o *mix* de *marketing*, envolvendo intermediários comerciantes (que detêm a posse temporária do bem) e facilitadores (que não efetuam transações, como agências de propaganda, bancos etc.).

Para esses autores, a escolha de canais não é algo simples. Implica a análise e a compreensão dos ambientes, atual e futuro, de vendas, a avaliação dos tipos disponíveis e dos conflitos eventualmente existentes entre eles, a ponderação de quais deles utilizar em cada estágio das vendas e do número de pontos de venda desejado e, ainda, a definição do melhor sistema de distribuição física do produto (consideradas as suas peculiaridades).

O SETOR DE VAREJO

O varejo é a ponta final do canal de distribuição que liga o consumidor ao fabricante. A definição dada por Levy e Weitz (2000) mostra a importância do varejo na economia: "Varejo: conjunto de negócios que adicionam valor a produtos e serviços vendidos a consumidores para seu uso pessoal e familiar."

Os autores citados apontam o varejo como um dos maiores setores da economia mundial, que vem atravessando um período de mudanças, levando-o à profissionalização. A "venda" da esquina se transformou em uma empresa sólida e eficiente, detentora de alta tecnologia, deixando de ser apenas um lugar para comprar produtos (Levy; Weitz, 2000).

Hoje, o varejo, segundo Engel *et al.* (1995), é o responsável pela disponibilização do produto para o consumidor de forma nunca vista na história do capitalismo. Seu aperfeiçoamento chegou a tal ponto que atacadistas e fabricantes passaram a depender, quase totalmente, de sua existência para colocar seus produtos no mercado (Parente, 2000).

O surgimento dos varejistas de massa – grandes redes de varejo – com uma enorme proximidade do consumidor coloca o varejo como o novo "chefe" da cadeia de distribuição, conforme afirmam Engel *et al.* (1995, p. 525).

> O produto mais bem projetado, produzido e anunciado não vale nada até que os varejistas o tornem disponível para os consumidores no formato de resposta rápida e a custos que criem consumidores satisfeitos.

Essa abordagem de Engel pode ser ilustrada na Figura 01, apresentada por Kotler *et al.* (1993).

OS BENEFÍCIOS DO VAREJO

Os varejistas proporcionam benefícios para clientes, produtores e atacadistas. Aos primeiros, criando valor na medida em que colocam uma grande variedade de produtos em horários e quantidades convenientes. Para os fornecedores (atacadistas e produtores), oferecem uma maneira prática e eficiente de colocar seus produtos junto ao consumidor final. De maneira clara, Churchill (1995, p. 417) resume as vantagens proporcionadas pelo varejo a esses dois públicos, como se vê no Quadro 01.

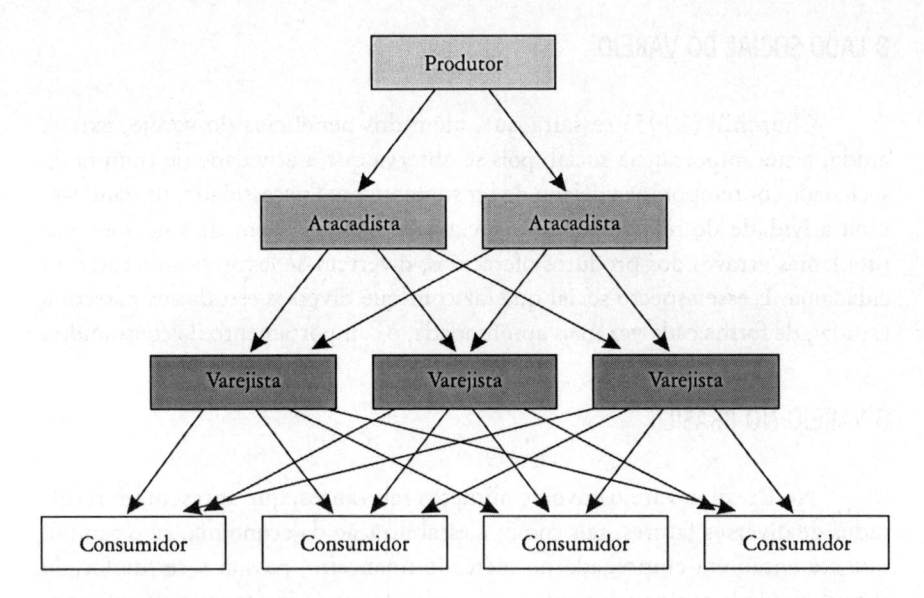

```
                    ┌──────────┐
                    │ Produtor │
                    └──────────┘
                    ↙          ↘
          ┌────────────┐   ┌────────────┐
          │ Atacadista │   │ Atacadista │
          └────────────┘   └────────────┘
              ↙    ↘         ↙    ↘
     ┌──────────┐ ┌──────────┐ ┌──────────┐
     │ Varejista│ │ Varejista│ │ Varejista│
     └──────────┘ └──────────┘ └──────────┘
       ↓      ↓       ↓      ↓
 ┌──────────┐┌──────────┐┌──────────┐┌──────────┐
 │Consumidor││Consumidor││Consumidor││Consumidor│
 └──────────┘└──────────┘└──────────┘└──────────┘
```

Figura 01 - Estrutura de consumo
Fonte: KOTLER. *Princípios de marketing.*

Quadro 01 - Vantagens oferecidas pelo varejista

Para os fabricantes e atacadistas	Coloca os produtos à disposição dos consumidores; Coleta e divulga dados sobre os consumidores e seu comportamento de compra; Assume riscos na compra de produtos perecíveis; Promove os produtos dos fabricantes; Oferece serviços eficientes de distribuição física.
Para os clientes	Coloca produtos à disposição no momento e no lugar em que os consumidores desejam comprá-los; Facilita as compras ao aceitar cartões de crédito ou oferecer planos de pagamento e venda de produtos em pequenas quantidades; Torna conveniente ou prazerosa a experiência de comprar; Oferece variedade de marcas para que os consumidores possam fazer comparações; Fornece serviços especiais, como entrega ou alterações/consertos nos produtos.

Fonte: CHURCHILL. *Marketing criando valor para o cliente.*

O LADO SOCIAL DO VAREJO

Churchill (1995) ressalta que, além dos benefícios do varejo, existe, ainda, a sua importância social, pois se observa que a atividade de compra na sociedade contemporânea deixou de ser somente uma necessidade, tornando-se uma atividade de relacionamento social. As pessoas, além de solucionarem problemas através dos produtos oferecidos, divertem-se, expressam e exercem cidadania. É esse aspecto social que faz com que diversos estudiosos passem a estudar, de forma cada vez mais aprofundada, o comportamento do consumidor.

O VAREJO NO BRASIL

No Brasil, o varejo envolve números relevantes, que apresentam resultados de diversos fatores, tais como: a estabilização da economia, cujo capital, que até então era empregado no mercado financeiro, passou a ser deslocado para a atividade comercial; a entrada de redes de varejo internacionais que, com o advento da globalização e ainda o avanço da tecnologia, permitiu a criação de novos produtos, tornando o varejo mais atrativo (Parente, 2000).

Assim, o varejo brasileiro assume importante papel na cadeia de distribuição e na economia, como demonstrado pela ABRAS (Associação Brasileira de Supermercados), citada por Churchill (1995, p. 417):

> Para se ter uma idéia, o número de pessoas que trabalham no comércio varejista é três vezes maior do que o de trabalhadores no comércio atacadista. Os dados da ABRAS (Associação Brasileira de Supermercados) são impressionantes: 666 mil empregados diretos, 2 milhões de empregos indiretos, 12,7 milhões de metros quadrados, 51.502 pontos de venda, representando 6% do PIB brasileiro (55,5 bilhões de reais). Na última década, o número de varejistas cresceu 29,5%, com uma taxa média anual de 2,6%.

No Brasil, os varejistas podem ser classificados da seguinte forma, de acordo com a AC Nielsen:[1]

Tradicionais: lojas onde é necessária a presença de vendedor ou balconista.

Auto-serviço: lojas de alimentação com *check-out* (balcão na saída da loja, caixa registradora, terminal de ponto de venda e algum equipamento que permita a soma e conferência das compras), carrinhos ou cestas.

---

[1] Disponível em: <http://www.acnielsen.com.br>. Acesso em 17 de maio de 2003.

O Gráfico 04, a seguir, mostra os principais tipos de varejistas no Brasil e as respectivas proporções.

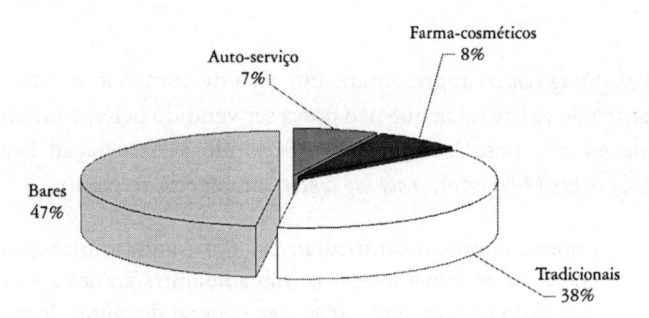

Gráfico 04 - Principais tipos de varejo
Fonte: AC Nielsen Brasil.[2]

O varejo integra funções clássicas de operação comercial: procura e seleção de produtos, aquisição, distribuição, comercialização e entrega (Churchill, 1995). Para o autor, as principais características, por tipos de lojas, são (Churchill, 1995):

Lojas de departamentos tradicionais: amplo sortimento e grandes volumes por produtos, distribuídos e expostos, como o nome indica, por departamentos (presentes, roupas e acessórios, utilidades do lar, diversos etc.): grandes lojas com *stands* para marcas próprias ou famosas, presença em *shopping centers,* onde funcionam como lojas-âncoras.

Lojas de departamento de descontos: comercialização de produtos com enfoque no oferecimento de preços mais baixos que as lojas tradicionais, e com ênfase em produtos sazonais; há grande variedade de itens e marcas reconhecidas.

Lojas de eletrodomésticos e eletrônicos: especialização na venda de bens de consumo duráveis e semiduráveis das chamadas linhas branca e marrom; lojas menores, com produtos de demonstração, com forte potencial de crescimento em função de elevada demanda reprimida.

Lojas de vestuário: vendas de roupas, tecidos, cama, mesa, banho, calçados e acessórios; comercialização em diversos formatos de lojas.

Varejo de alimentos: produtos alimentícios dispostos em formato *self-service* e com *check-outs* na saída; elevado número de itens vendidos (em média, 20 mil).

---

[2] Disponível em: <http://www.acnielsen.com.br>. Acesso em 17 de maio de 2003.

Shopping Centers

Os *shopping centers* representam um tipo de comércio muito complexo: praticamente não existe nada que não possa ser vendido neles, e também não há serviço que ali não possa ser prestado. Segundo a Associação Brasileira de Shopping Centers (Abrasce), *shopping center* caracteriza-se como:

> Empreendimento constituído por um conjunto planejado de lojas, operando de forma integrada, sob administração única e centralizada; composto de lojas destinadas à exploração de ramos diversificados ou especializados de comércio e prestação de serviços; estejam os locatários lojistas sujeitos a normas contratuais padronizadas, além de ficar estabelecido, nos contratos de locação da maioria das lojas, cláusula prevendo aluguel variável de acordo com o faturamento mensal dos lojistas; possua lojas-âncoras, ou características estruturais e mercadológicas especiais, que funcionem como força de atração e assegurem ao *shopping center* a permanente afluência e trânsito de consumidores essenciais ao bom desempenho do empreendimento; ofereça estacionamento compatível com a área de lojas e correspondente afluência de veículos ao *shopping center*, esteja sob controle acionário e administrativo de pessoas ou grupos de comprovada idoneidade e reconhecida capacidade empresarial.

A IMPORTÂNCIA ECONÔMICA DOS *SHOPPINGS* NO BRASIL

A indústria de *shopping centers* no Brasil vem crescendo de maneira relevante nos últimos anos, o que pode ser comprovado com os dados apresentados pela Abrasce – Associação Brasileira de Shopping Centers, através dos quais observa-se que esse mercado passou de um faturamento anual de R$ 23 bilhões, no ano de 2000, para R$ 36,6 bilhões em 2004 (crescimento de 59,13%). A geração de empregos diretos no mesmo período saltou de 328.000 para 478.595 pessoas/mês (crescimento de 45,91%), foram construídas 110 unidades de 1996 a 2004 (crescimento de 74,82%), sendo 235 *shoppings* em operação e 22 em construção, totalizando 257 em todo o território nacional. Toda essa *performance* representa 18% do total das vendas de varejo (excluídos os setores automotivos e derivados de petróleo) no país (Abrasce, 2005). Esses dados estão expostos nos Gráficos 01, 02 e 03.

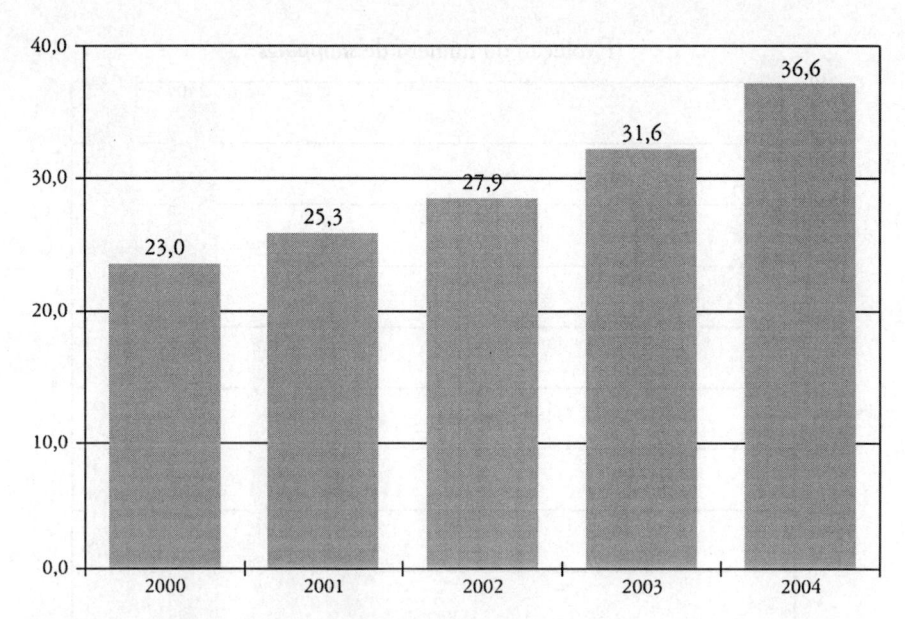

Gráfico 01 - Evolução do faturamento de shoppings no Brasil
Fonte: *Site* da Abrasce, 29 de agosto de 2005 - www.abrasce.com.br

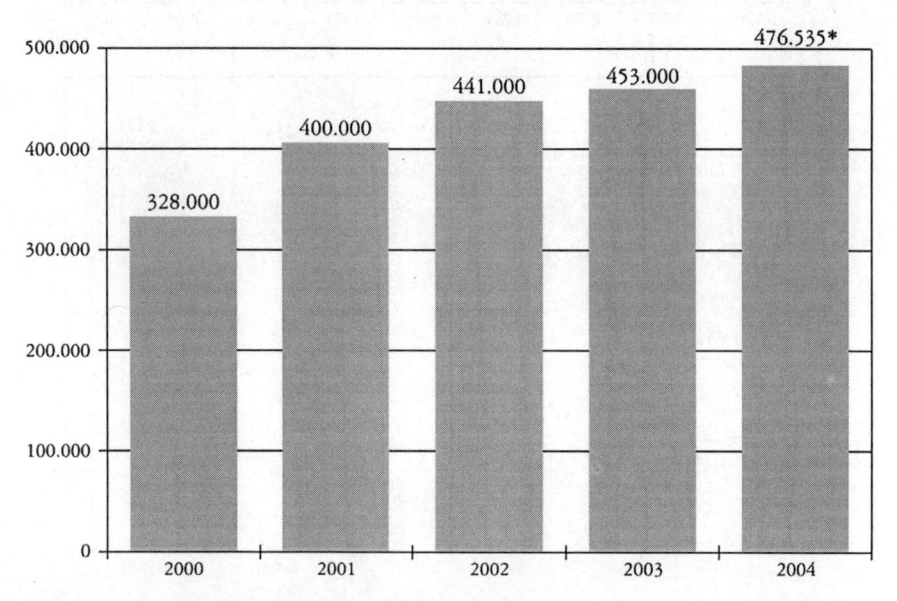

* Empregos atuais = 429.464; empregos futuros = 47.131

Gráfico 02 - Empregos diretos gerados nos *shopping centers*
Fonte: *Site* da Abrasce, 29 de agosto de 2005 - www.abrasce.com.br

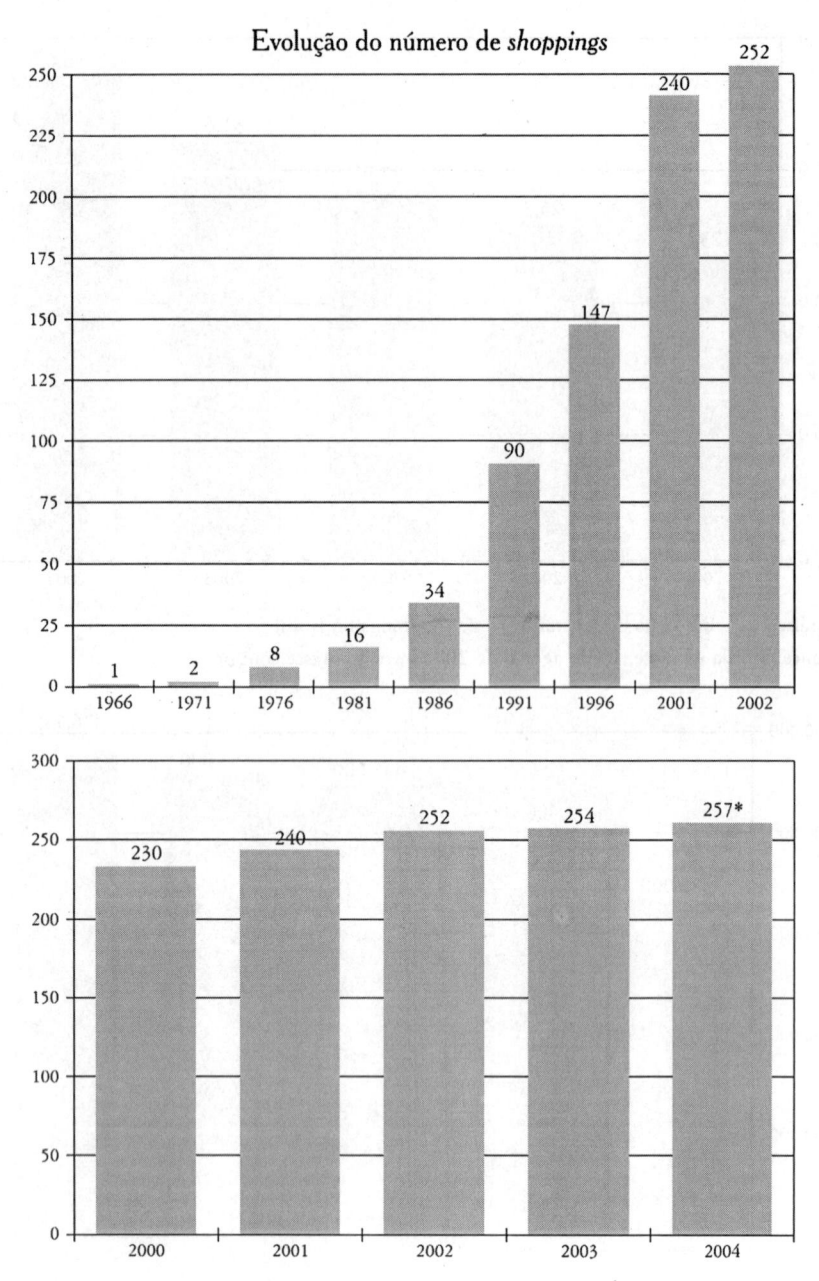

Evolução do número de shoppings

Ano	Número
1966	1
1971	2
1976	8
1981	16
1986	34
1991	90
1996	147
2001	240
2002	252

Ano	Número
2000	230
2001	240
2002	252
2003	254
2004	257*

* *Shoppings* em operação - 235; *shoppings* a inaugurar - 22

Gráfico 03 - Evolução do número de *shoppings*

Fonte: *Site* da Abrasce, 17 de maio de 2003 e 29 de agosto de 2005 - www.abrasce.com.br

A Abrasce (Associação Brasileira de Shopping Centers, 2003) equipara, ainda, os *shoppings* brasileiros aos *shoppings* de países desenvolvidos no quesito qualidade, o que assegura ao Brasil o décimo lugar no *ranking* mundial em quantidade de *shoppings,* que oferecem a seus freqüentadores 39.213 lojas, divididas em 38.489 lojas-satélites e 724 lojas-âncoras, ocupando uma área bruta locável (ABL) superior a 5,8 milhões de metros quadrados.

Esses centros de compras e lazer atraem anualmente milhões de pessoas. Capitais e interior do Brasil adotam estes templos modernos do varejo, que passam a fazer parte do seu cotidiano. Os *shoppings* se firmam como uma opção para a satisfação de necessidades de seus freqüentadores e vêm proporcionando maior qualidade de vida, de uma maneira geral. Proporcionalmente, a concorrência também vem aumentando nas diversas regiões do país, onde cada *shopping* busca uma "fatia" maior desse mercado, de acordo com dados da Abrasce – Associação Brasileira de Shopping Centers.

OS ÍNDICES DE SATISFAÇÃO

O papel da satisfação de clientes é tratado como fator determinante, não só de retornos crescentes como também da lealdade, por parte de clientes, através de geração de valor para os mesmos (Fornell *et al.*, 1996; Aaker *et al,* 1998). Porém, no cenário brasileiro são escassos os estudos científicos que pesquisam a mensuração de expectativa, valor, satisfação, propensão à lealdade, qualidade e imagem, bem como seus impactos mútuos nesse ramo de negócios.

Alguns itens, para mensurar satisfação, são apresentados por Fornell; Jonhson; Anderson; Cha; Bryant (1996). Ao utilizar um modelo econométrico estrutural com relações de causalidade entre as suas variáveis, a abordagem utilizada no Índice Nacional de Satisfação de Clientes, denominado ECSI, permite não só estimar os índices de satisfação, mas, igualmente, diagnosticar as razões dos valores assumidos e as suas conseqüências sobre a lealdade do cliente. A capacidade de diagnóstico aparece, assim, como uma das maiores vantagens desta abordagem em relação à abordagem não estrutural ou descritiva.

Em torno dessas observações surgiu uma indagação fundamental:

- Quais as relações da satisfação de clientes de *shopping centers* com lealdade, qualidade, imagem, valor percebido e expectativas, associados em uma cadeia nomológica estruturada?

Visando dotar tal indagação de uma base empírica e científica de estudo, bem como prover conhecimento sobre esse importante campo, que agrega pesquisadores e organizações em torno de novas perspectivas de competitividade e desenvolvimento, foi realizada uma pesquisa, da qual extraiu-se este livro.

PERFIL DO CONSUMIDOR DE *SHOPPING CENTER*

A Abrasce apresenta dados, através do Instituto de Pesquisa e Desenvolvimento de Mercado (IPDM), apurados em 1.100 entrevistas feitas com consumidores de 31 *shopping centers* no Rio de Janeiro e em São Paulo, no ano de 2003, que mostram o perfil do consumidor de *shoppings* por sexo, classe social, grau de instrução, faixa etária, e trazem informações preciosas sobre comportamento de consumo – gasto médio, tempo de permanência, índice de conversão e outros. As conclusões são diversas, principalmente na comparação com pesquisa semelhante, feita, pela última vez, há cinco anos.

Em síntese, os dados mostram que o *shopping center* se consolida não apenas como local de compras, mas como opção para passeio, lazer e alimentação. A freqüência do consumidor a esses centros aumentou, inclusive aos domingos. O consumidor visita um número menor de lojas, é mais objetivo, e quando vai ao *shopping* com intenção de compra, efetivamente, adquire algum produto – a taxa de conversão em venda subiu. O hábito de ir ao cinema em *shoppings* também se firmou e induz o consumo a outras operações, sobretudo alimentação.

Segundo a Abrasce (2003), o tempo médio de permanência de um consumidor num *shopping* aumentou de 71 para 73 minutos, nos últimos cinco anos. As mulheres são as que permanecem mais – 78 minutos em média; e também a classe A – 81 minutos. O tempo de permanência é de duas horas e 45 minutos, quando o motivo é lazer, e de apenas 54 minutos, quando o consumidor vai ao *shopping* por conta da prestação de serviços.

Índices de Satisfação de Clientes
Histórico e Visão na Europa

INTRODUÇÃO

Os Índices Nacionais de Satisfação de Clientes contribuem para estabelecer uma imagem mais precisa dos resultados de uma economia, setor de atividade, região ou empresa, ao mesmo tempo que podem ajudar a estabelecer abordagens uniformizadas de mensuração.

A Suécia foi o primeiro país a desenvolver, em 1989, um indicador deste tipo (SCSB – Swedish Customer Satisfaction Barometer), seguindo-se a Alemanha, em 1992, e os EUA em 1994 (ACSI – American Customer Satisfaction Index). No ano de 1996, surgiu o projeto de desenvolvimento de um Índice Europeu de Satisfação de Clientes (ECSI – European Customer Satisfaction Index), com o objetivo de fornecer indicadores para as empresas se compararem entre si e se posicionarem nos respectivos setores de negócio, identificando os melhores desempenhos. Por outro lado, em níveis mais macroeconômicos, o projeto proporciona uma bateria de indicadores que permitem às autoridades públicas avaliarem os desempenhos dos sistemas econômicos, diferentes setores de atividade ou regiões, validar outros parâmetros e completar (ou até antecipar) a análise que geralmente se faz com base em indicadores de outra índole (inflação, desemprego, PIB etc.), com vistas a apoiar a competitividade e o desenvolvimento da Europa, seus países e regiões (Mendes; Saraiva, 2002).

A abordagem ECSI é baseada em dois componentes principais, nomeadamente:

Modelo Estrutural, formado pelo conjunto de equações que definem as relações entre as variáveis latentes, não diretamente observáveis.

Modelo de Mensuração, formado pelo conjunto de equações que definem as relações entre as variáveis latentes e as variáveis de medida (indicadores).

O Modelo Estrutural, adotado na metodologia ECSI, considera como determinantes para a satisfação dos clientes os seguintes elementos: imagem; expectativas dos clientes; qualidade percebida (antecedente seccionado em dois componentes, dizendo respeito à qualidade percebida dos produtos e dos serviços, respectivamente); e valor percebido. Essas variáveis não são diretamente observáveis, pelo fato de cada uma delas estar associada a um conjunto de indicadores (variáveis de medida) obtidos através de um questionário (Mendes; Saraiva, 2002).

TÉCNICAS DE MENSURAÇÃO

Existem diversas técnicas de mensuração da satisfação dos clientes, cada uma com as vantagens e desvantagens que lhe são inerentes. Assim, apesar de apenas algumas serem focadas de forma sistemática no âmbito do presente trabalho, considerou-se relevante efetuar uma análise comparativa sintética das mais conhecidas. Podem, então, ser consideradas três grandes linhas de orientação, nas quais se inserem as diferentes abordagens à mensuração da satisfação dos clientes (Mendes; Saraiva, 2002):

1) As que são de natureza essencialmente exploratória e adaptam uma abordagem de antecipação de oportunidades de melhoria: algumas ferramentas servem, essencialmente, como técnicas de antecipação de necessidades, isto é, ausculta-se o mercado, de forma a detectar necessidades latentes dos clientes, para além das explícitas. Incluem-se nessa categoria, entre outros, os grupos de conselheiros, mapas de valor, grupos orientados, entrevistas individuais, clientes-surpresa e testes de utilização.

2) As que são de natureza mais analítica e adaptam uma abordagem de pesquisa para avaliação da evolução e eventual detecção de oportunidades de melhoria: essas abordagens são utilizadas para detectar possibilidades de melhoria, agora com maior incidência não tanto na antecipação de necessidades, mas, antes, na detecção de falhas ou pontos menos fortes. Nesse grupo podem incluir-se as seguintes abordagens: inquéritos de satisfação dos clientes, respostas de novos clientes, observação, pesquisa de imagem e relatórios de transação.

3) As que adaptam uma abordagem de resolução de problemas (posterior ao acontecimento, seja ele positivo ou negativo): incluímos aqui estratégias que se situam essencialmente na esfera da resolução de problemas surgidos, em tempo mais ou menos útil, como é o caso do tratamento e processamento de reclamações, questionários a clientes perdidos ou relatórios de "perdas/ganhos".

Algumas das abordagens mencionadas situam-se numa das três linhas referidas, mas, para outras, torna-se difícil estabelecer uma fronteira rígida de separação. Adicionalmente, os *timings* de aplicação também são diferenciados: alguns têm maior utilidade quando implementados antes do lançamento de um determinado produto ou serviço (embora também possam ser usados posteriormente), e o inverso ocorre com outras, que só podem ser usadas após ter ocorrido um consumo efetivo do mesmo. Importa, portanto, utilizar um *portfólio* adequado de instrumentos, potencializando a sua complementaridade (Mendes; Saraiva, 2002).

PROPRIEDADES DOS ÍNDICES DE SATISFAÇÃO DO CLIENTE

As propriedades que um índice deve possuir deverão estar em consonância com os seus objetivos.

Para alcançar os objetivos do ECSI,[3] um índice de satisfação do cliente deverá satisfazer um certo número de propriedades, conhecidas como critérios de desempenho, dos quais os mais importantes, segundo Mendes e Saraiva (2002) são:

- Precisão
- Capacidade de previsão de resultados financeiros
- Diagnóstico
- Possibilidade de agregação
- Comparabilidade

A seguir, detalharemos cada uma delas.

a) Precisão

A precisão refere-se à certeza ou nível de confiança com que os índices são estimados. Para uma dada dimensão da amostra, um elevado nível de precisão obtém-se prestando uma grande atenção à coleta de dados e um grande cuidado à especificação do modelo. Investigação concernente ao ACSI[4] indica que a utilização de uma abordagem estrutural aumenta a precisão da estimação em cerca de 22% em relação à abordagem não estrutural ou descritiva dos estudos de mercado (Fornell *et al.*, 1996).

b) Capacidade de previsão de resultados financeiros

A idéia fundamental subjacente a essa capacidade de precisão é de que clientes satisfeitos e leais representam um ativo econômico da empresa, embora intangível. Por definição, um ativo econômico gera fluxos de receitas futuras para o detentor do ativo. Então, se os clientes satisfeitos forem, de fato, um

---
[3] Índice Europeu de Satisfação de Clientes.
[4] Índice Americano de Satisfação do Consumidor.

ativo, deverá ser possível utilizar os índices de satisfação e de lealdade para prever resultados financeiros da empresa. Ora, de acordo com Fornell et al., (1996), tanto no caso do SCSB[5] quanto no do ACSI, a investigação empírica realizada confirma essas hipóteses.

Assim, no caso do SCSB, constata-se que o aumento anual de um ponto percentual nesse índice ao longo de cinco anos acarreta, em média, um aumento de 6,5% no retorno corrente do investimento. No caso específico das empresas cotadas na Bolsa de Valores de Estocolmo, é também evidente que alterações no SCSB têm efeitos de previsão na rentabilidade.

No caso do ACSI, a investigação é já abundante, sugerindo uma relação positiva e estatisticamente forte entre o valor do índice e a rentabilidade. Com efeito, estudos mostram, em particular, a existência de uma relação positiva e significativa entre o ACSI com:

- o rendimento contábil dos ativos;
- o valor de mercado das ações;
- os resultados financeiros ajustados das empresas.

Portanto, ao seguir a mesma abordagem que o ACSI e o SCSB, também o ECSI deverá possuir a mesma capacidade de previsão.

c) Capacidade de diagnóstico

Trata-se da capacidade para gerar informação acerca das causas e das conseqüências da satisfação. Ao utilizar um modelo econométrico estrutural com relações de causalidade entre as suas variáveis, a abordagem utilizada no ECSI permite não só estimar os índices de satisfação do cliente, mas, igualmente, diagnosticar as razões dos valores assumidos e as suas conseqüências sobre a lealdade do cliente. A capacidade de diagnóstico aparece, assim, como uma das maiores vantagens dessa abordagem em relação à abordagem não estrutural ou descritiva.

d) Comparabilidade

Uma propriedade fundamental é a capacidade de comparar índices de satisfação de diferentes empresas, indústrias, setores ou mesmo países, a qual, no entanto, não é de fácil alcance.

Com efeito, a economia do bem-estar tem evidenciado que as comparações interpessoais são difíceis. No caso de se utilizarem questionários em que a reposta assume uma dada escala (1 a 10, no caso do ECSI), nada garante que a escala tenha o mesmo significado para todos os respondentes.

---

[5] Índice Sueco de Satisfação do Cliente.

A metodologia adaptada no ECSI procura garantir a comparação dos índices, especificando o modelo em termos de variáveis latentes, variáveis não observadas diretamente que possuem um elevado grau de abstração. Nesse nível de abstração, existe, segundo Fornell *et al.* (1996), uma base para comparar grandezas que são fundamentalmente diferentes.

A investigação levada a cabo no caso do SCSB e do ACSI realça ser ainda prematuro proceder a uma avaliação definitiva sobre a capacidade de esta metodologia produzir índices comparáveis (através de indivíduos, empresas etc.). No entanto, os resultados sugerem que as diferenças entre os índices derivam fundamentalmente de fatores "objetivos", como são os graus de concentração e de competitividade do setor de atividade, e o grau de heterogeneidade, seja na procura, seja na oferta dos produtos e serviços.

e) Possibilidade de agregação

A metodologia adaptada no ECSI calcula os índices de satisfação do cliente em nível da empresa e, através de agregações sucessivas, calcula os índices em nível do setor de atividade (agregação de empresas), do país (agregação de setores) e mesmo em nível europeu (agregação de países).

A agregação é feita tomando como ponderadoras as vendas das empresas para calcular o índice do setor. Os índices nacionais e o da União Européia serão calculados utilizando como ponderadores os valores acrescentados nos (verificar) setores (no caso dos índices nacionais) e os produtos internos brutos dos países (no caso do índice europeu).

Por outro lado, e qualquer que seja o nível de agregação considerado, a metodologia adaptada produz índices normalizados na escala 0-100, onde 0 (zero) representa o nível mínimo e 100 (cem) o nível máximo. Esses índices são, assim, de interpretação intuitiva, permitindo a comparação direta entre empresas, setores e países.

O nível de cobertura de um setor é dado pelo peso das empresas analisadas no total das vendas do setor. Já em nível do país, o grau de cobertura é dado pelo peso dos setores analisados no PIB (Produto Interno Bruto).

PROPRIEDADES DO MODELO ECSI

Pretende-se que o ECSI ofereça estimativas de elevada precisão e que tenha a capacidade de previsão dos futuros desempenhos das empresas e das economias. O índice tem também capacidade de diagnóstico, uma vez que a abordagem adaptada permite não só estimar os índices de satisfação do cliente, mas, igualmente, diagnosticar as razões dos valores assumidos (os antecedentes) e respectivas conseqüências sobre a lealdade dos clientes. Além disso, é fundamental garantir a comparabilidade desses índices entre empresas, setores e países, ao longo do tempo.

Finalmente, uma vez que as abordagens adaptadas se encontram uniformizadas (entre empresas, setores e países), os índices de satisfação (calculados no nível de cada empresa) podem ser posteriormente agregados para calcular os índices dos setores de atividade, e estes podem ainda ser agregados para calcular os Índices Nacionais (Fornell *et al.*, 1996).

CONDICIONANTES DOS MODELOS DE MENSURAÇÃO DA SATISFAÇÃO DOS CLIENTES

É importante citar, igualmente, algumas condicionantes dos modelos utilizados para a criação desses Índices Econômicos de Satisfação dos Clientes.

No modelo ECSI, a satisfação dos clientes é considerada uma chave para a sua lealdade, que tem dois antecedentes (a imagem e a satisfação dos clientes). No entanto, vários autores (Mendes; Saraiva, 2002; Fornell, 1992) argumentam que, embora um elevado índice de satisfação possa conduzir à lealdade, essa relação é amplamente afetada por outras variáveis – esta observação assume uma importância maior quando ao aumento da satisfação de clientes estão associados custos elevados.

Resta, portanto, saber até que ponto o modelo criado para o ECSI é ou não inquestionável nas suas relações de causa/efeito. Por exemplo, no caso do modelo SCSB (o primeiro a surgir nesse âmbito), a lealdade tem outros antecedentes, para além da satisfação de clientes, que foram posteriormente eliminados nos modelos ACSI e ECSI.

Outro aspecto a se considerar são as diferenças e semelhanças entre produtos e serviços, no que diz respeito aos efeitos da satisfação no desempenho das empresas, pois é sabido que os produtos alcançam valores de qualidade percebida e de satisfação superiores aos serviços (Fornell, 1992).

Por outro lado, a satisfação tem um efeito mais diretamente observável na lealdade dentro do contexto de serviços do que nos produtos (Edvardsson *et al.*, 1999).

Com base nas diferenças entre a produção de um produto e de um serviço, alguns autores, conforme exposto por Edvardsson *et al.* (1999), argumentam que a lealdade é preferencialmente "conquistada", para o caso dos serviços, e "comprada", para o caso dos produtos, dado que a lealdade de um cliente a um produto não é, normalmente, tão rentável como a lealdade de um cliente a um serviço.

Recentemente, construiu-se um modelo que procura relacionar a satisfação e lealdade dos clientes com o desempenho das empresas. Como construções para a Lealdade e a Satisfação de Clientes, esse modelo usa os índices das variáveis latentes presentes no SCSB.

Os resultados com ele obtidos parecem confirmar que o SCSB e o ACSI (logo, poderá deduzir-se, também o ECSI) são previsores poderosos da lealdade, e estão positivamente relacionados com retornos financeiros e contabilísticos. No entanto, esse efeito é claramente mais forte no ramo dos serviços (Edvardsson *et al.*, 1999). Tal fato poderá pôr em causa as propriedades de "comparabilidade" e de "possibilidade de agregação" dos índices, no que diz respeito, pelo menos, à lealdade.

ESTRUTURA DO MODELO ECSI

O índice de satisfação do cliente aparece como a variável central. São apresentados quatro antecedentes ou determinantes da satisfação do cliente:

- A imagem
- As expectativas dos clientes
- A qualidade apercebida dos produtos e serviços
- O valor percebido

Esse modelo pode ser melhor observado na Figura 02.

A imagem pretende integrar todo tipo de associações que os clientes fazem, conforme os casos, ao nome da marca ou da empresa. Supõe-se um efeito direto positivo da imagem na satisfação e na lealdade do cliente e um efeito indireto via expectativas geradas. As expectativas incluem não só a informação que os clientes detinham no passado sobre os produtos e serviços oferecidos pela empresa (baseada na própria experiência ou em informações de terceiros ou ainda em campanhas publicitárias e de promoção), mas, igualmente, a antecipação que eles faziam sobre a capacidade da empresa em oferecer, no futuro, produtos e serviços com qualidade. A qualidade percebida se define como o julgamento do cliente sobre a superioridade ou excelência dos bens e/ou serviços disponibilizados pela empresa (Mendes; Saraiva, 2002). A qualidade percebida integra, para além de um julgamento global, a avaliação sobre um conjunto de dimensões que incluem:

  1. a disponibilidade, ou seja, a capacidade da empresa em aconselhar os clientes a adquirir produtos e/ou serviços com as características que satisfazem suas necessidades;

  2. a viabilidade, ou seja, a capacidade da empresa em disponibilizar produtos ou serviços em que se verifica a ausência de falhas.

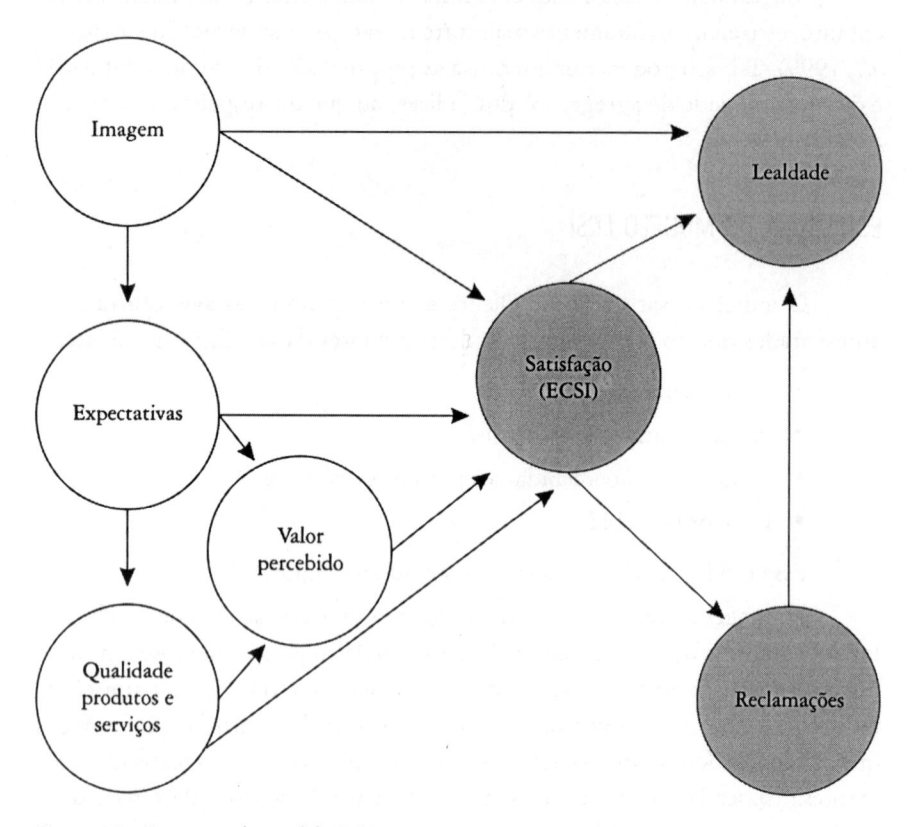

Figura 02 - Estrutura do modelo ECSI.
Fonte: European Customer Satisfaction Index/Portugal. Disponível na Internet em www.ipq.pt/ecsi

O valor percebido representa a avaliação feita pelos clientes da qualidade dos produtos e serviços da empresa, tendo agora em atenção o preço pago por esses produtos e serviços. Trata-se, assim, de uma relação qualidade/preço, em que a inclusão desta variável incorpora informação sobre os preços no modelo, aumentando a comparabilidade dos resultados em termos de empresas, de setores e mesmo de países. Supõe-se, pois, que o valor percebido (relação qualidade/preço) tenha um impacto direto sobre a satisfação do cliente. Cada uma dessas variáveis latentes é associada a um conjunto de variáveis de medida, que correspondem às questões incluídas no questionário (Mendes; Saraiva, 2002).

Variáveis de medida

As sete variáveis apresentadas e que constituem a estrutura básica do modelo ECSI são variáveis latentes, não sendo, portanto, objeto de observação direta. Cada uma das variáveis tem, então, de ser associada a um conjunto de indicadores (designados por variáveis de medida) obtidos diretamente através de um inquérito junto aos clientes da empresa.

O Quadro 02 apresenta os indicadores associados a cada variável latente. Nele, são apenas mencionadas as questões obrigatórias no âmbito do projeto ECSI, ou seja, as questões que deviam obrigatoriamente ser incluídas nos questionários dos países participantes deste projeto.

Salienta-se que, na maioria dos casos, foram acrescentadas questões facultativas, procurando aprofundar a forma de medir as variáveis latentes. Praticamente todas as variáveis de medida assumem valores no intervalo de 1 (nível mais baixo) a 10 (nível mais elevado).

O MODELO ACSI – AMERICAN NATIONAL SATISFACTION INDEX

De acordo com Fornell *et al.* (1996), o Índice de Satisfação de Clientes americano (ACSI) é um tipo de mensuração de resultados baseado em *marketing* para as empresas, indústrias, setores econômicos e economias nacionais. O ACSI é utilizado nacionalmente nos EUA, para conduzir estudos de *benchmarking* de modo transversal múltiplo ao longo do tempo. O ACSI parece ser maior para serviços nos EUA e, segundo o modelo exibido na Figura 03, é mais orientado à qualidade e valor.

Quadro 02 - Indicadores Associados às Variáveis Latentes

Variável	Descrição do indicador
Imagem	1. Empresa inovadora e virada para o futuro. 2. Empresa em que se pode confiar. 3. Empresa estável e implantada no mercado. 4. Empresa que se preocupa com os clientes. 5. Empresa com um contributo importante para a sociedade.
Expectativas	1. Expectativas globais sobre a empresa. 2. Expectativas sobre a capacidade da empresa em oferecer produtos e serviços que satisfaçam as necessidades do cliente. 3. Expectativas relativas à confiabilidade, ou seja, à freqüência com que as coisas podem correr mal.
Qualidade percebida (bens e serviços)	1. Qualidade global da empresa. 2. Qualidade dos produtos e serviços. 3. Serviço de aconselhamento. 4. Acessibilidade de produtos e serviços. 5. Confiabilidade e precisão dos produtos e serviços. 6. Diversificação dos produtos e serviços. 7. Clareza e transparência da informação fornecida. 8. Dificuldade na avaliação da qualidade.
Valor percebido (relação preço/qualidade)	1. Avaliação da qualidade dos produtos e dos serviços, em relação aos preços pagos. 2. Avaliação do preço pago, dada a qualidade dos produtos e serviços.
Satisfação	1. Satisfação global com a empresa. 2. Satisfação comparada com as expectativas (realização das expectativas). 3. Comparação da empresa com a empresa ideal.
Reclamações	1. Identificação dos clientes que reclamaram com a empresa. 2. Forma como foi resolvida a última reclamação (para os que reclamaram). 3. Percepção sobre a forma como as reclamações seriam resolvidas (para os que não reclamaram).
Lealdade	1. Intenção de permanecer como cliente. 2. Sensibilidade ao preço. 3. Intenção de recomendar o operador a colegas e amigos.

Fonte: European Customer Satisfaction Index/Portugal. Disponível na Internet em www.ipq.pt/ecsi

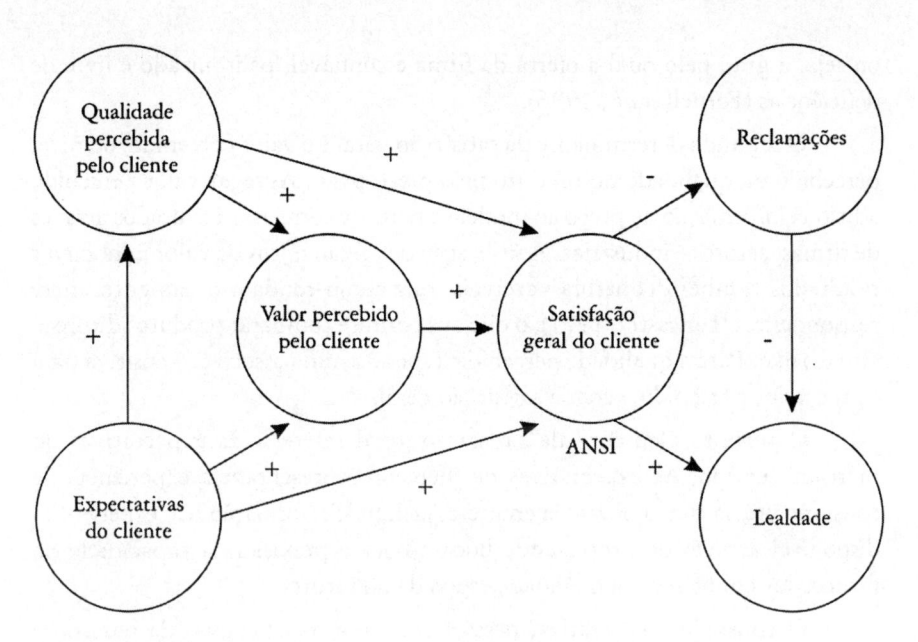

Figura 03 - Estrutura do modelo ACSI - American National Satisfaction Index
Fonte: FORNELL et al., 1996.

O governo americano utiliza esses índices para verificar a competitividade do país nos seus diversos setores e estabelecer metas para que essa competitividade seja ampliada. A metodologia aplicada é quantitativa, através de questionário estruturado, e considera o modelo estrutural da Figura 03 como base para avaliação da satisfação. Fornell et al. (1996) definem os conceitos do modelo da seguinte forma: como mostrado na Figura 03, a satisfação total do cliente (ACSI) tem três antecedentes: qualidade percebida, expectativas e valor percebido. O primeiro determinante da satisfação é a qualidade percebida ou *performance*, que é a avaliação feita pelo mercado servido-se de uma experiência de consumo recente, e espera-se que tenha um efeito positivo e direto na satisfação global. Essa predição é intuitiva e fundamental para toda atividade econômica.

Para operacionalizar esse construto, os autores utilizaram a literatura de qualidade a fim de estabelecer dois componentes da experiência de consumo: (1) personalização, que significa o grau em que a oferta da empresa é personalizada para atender necessidades heterogêneas de clientes, e (2) confiabilidade, ou seja, o grau pelo qual a oferta da firma é confiável, padronizado e livre de deficiências (Fornell *et al.*, 1996).

O segundo determinante da satisfação geral é o valor percebido, ou nível percebido da qualidade do produto pelo preço pago. Agregar valor percebido adiciona informação de preço ao modelo e permite comparar resultados através de firmas, setores e indústrias. A utilização de julgamentos de valor para medir resultados também controla variáveis, tais como renda e orçamento entre respondentes (Lancaster, 1971), o que nos permite comparar produtos de preço alto e baixo. Para a qualidade percebida, espera-se uma associação positiva para com o valor percebido e com a satisfação geral.

O terceiro elemento da satisfação geral refere-se às expectativas do mercado servido. As expectativas do mercado representam a experiência de consumo prévia com a oferta da empresa, incluindo informação não experiencial disponível através de propaganda boca-a-boca e previsão da capacidade do fornecedor em oferecer a qualidade esperada no futuro.

O construto expectativa, dessa forma, tem perspectivas de passado e futuro. Captura as experiências de qualidade prévias, e logo tem uma associação direta e positiva com os resultados da empresa, tal como a satisfação. Ao mesmo tempo, prevê como a empresa pode se comportar no futuro, e a expectativa de qualidade no futuro é crítica para avaliação de qualidade. Assim, o papel preditivo das expectativas sugere um efeito positivo sobre a satisfação geral (Fornell *et al.*, 1996).

Finalmente, as expectativas dos clientes devem ser relacionadas positivamente com a qualidade percebida e, conseqüentemente, com o valor percebido. O conhecimento do cliente deve ser tal que as expectativas espelhem precisamente a qualidade corrente. Espera-se que o mercado atendido tenha expectativas que sejam amplamente racionais e que reflitam as habilidades dos clientes de aprender a partir da experiência e predizer os níveis de qualidade e valor que recebem (Howard, 1977).

Mensuração de satisfação, modelo ACSI e predição de resultados

As empresas com a melhor colocação no *ranking* de satisfação do ACSI são, sem surpresa, as campeãs de satisfação do cliente no mercado americano. Entre elas, estão: Purina, Quaker, Amazon, Hilton, Coca-Cola e Unilever. Por outro lado, empresas que sofreram para manter níveis altos de satisfação do cliente, como Compaq, Nike e AT&T, tiveram quedas drásticas no valor de suas ações. A relação entre satisfação do cliente e valor de mercado é inegável. Cada unidade de satisfação no ACSI corresponde a US$ 898 milhões em valor de mercado (Pizani, 2002). Tais informações podem ser melhor verificadas no Gráfico 05.

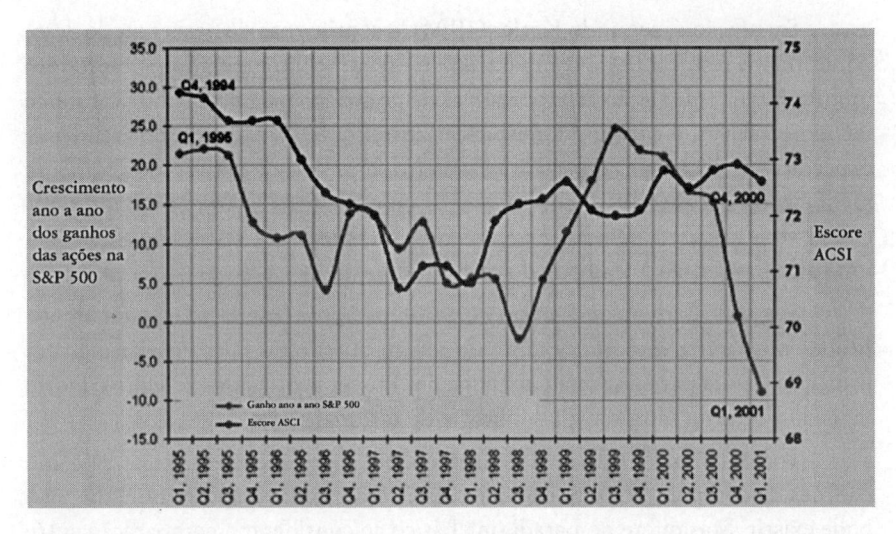

Gráfico 05 - ACSI e Ganho Anual das Ações das Empresas no S&P 500
Fonte: www.acsi.org

Satisfação e Processo de Consumo

Satisfação é, segundo Kotler (1994), o sentimento de prazer ou de desapontamento resultante da comparação do desempenho esperado pelo produto (ou resultado) em relação às expectativas da pessoa. Se o desempenho ficar longe das expectativas, o consumidor estará insatisfeito. Se o desempenho atender às expectativas, o consumidor estará satisfeito, e se excedê-las estará altamente satisfeito ou encantado. A alta satisfação ou o encanto criaria afinidade emocional com a marca, não apenas preferência racional. O resultado então será uma alta propensão à lealdade do consumidor.

Segundo Semenik e Bamossy (1996), o conceito de satisfação foi identificado como parte integrante tanto do macro quanto do micromarketing: um princípio – guia para o sucesso no mercado. Prover satisfação ao cliente é muito mais do que uma filosofia "de sonhos" e de racionalização de desejos.

Por outro lado, Oliver (1997) reconhece o papel das expectativas como padrões de comparação, sem os quais a satisfação, como resposta humana, não pode existir. Mas difere do paradigma básico ao considerar a comparação entre expectativas e desempenho como um dos vários processos de comparação que o consumidor realiza ao avaliar um bem ou serviço. Segundo esse modelo, o consumidor pode realizar dois tipos de processos cognitivos (comparações) e psicológicos. O desempenho, afirma esse autor, pode afetar a satisfação diretamente ou, em outras palavras, sem o auxílio de outras influências ou moderadores da satisfação. Mas também é o ponto de partida dos processos de comparação e psicológicos realizados pelo consumidor.

Esses outros processos de comparação também têm padrões antes do consumo (necessidades, ideais, franqueza), que, no modelo básico, não foram separados das expectativas. A literatura sobre satisfação não tem se desenvolvido, nesses mecanismos, na mesma extensão da desconfirmação de expectativas. Um outro ponto básico está nos processos psicológicos que afetam os julgamentos de satisfação.

PROCESSO DE COMPARAÇÃO: OPERADORES DE COMPARAÇÃO

Os operadores de comparação que Oliver (1997) utiliza encontram-se ilustrados na Figura 04. O primeiro operador refere-se às expectativas, cuja comparação com o desempenho do bem ou serviço tem como resultado a desconfirmação das mesmas. Oliver (1997) cita a importância da classificação hierárquica das expectativas de Miller. Este propõe quatro tipos de expectativas, que variam pelo nível de desejo. O primeiro é o nível ideal ou desejado; o segundo é o esperado ou previsto; o terceiro é o mínimo tolerável ou o mais baixo aceitável. Geralmente o nível esperado estará entre o ideal e o mínimo tolerável, embora alguns consumidores não tenham outra opção, exceto tolerar níveis abaixo do mínimo aceitável. Isso pode ocorrer em situações de monopólio. Finalmente, o quarto nível percebido, como expectativas estimadas a partir do que o consumidor pensa que é apropriado, baseando-se nos investimentos realizados.

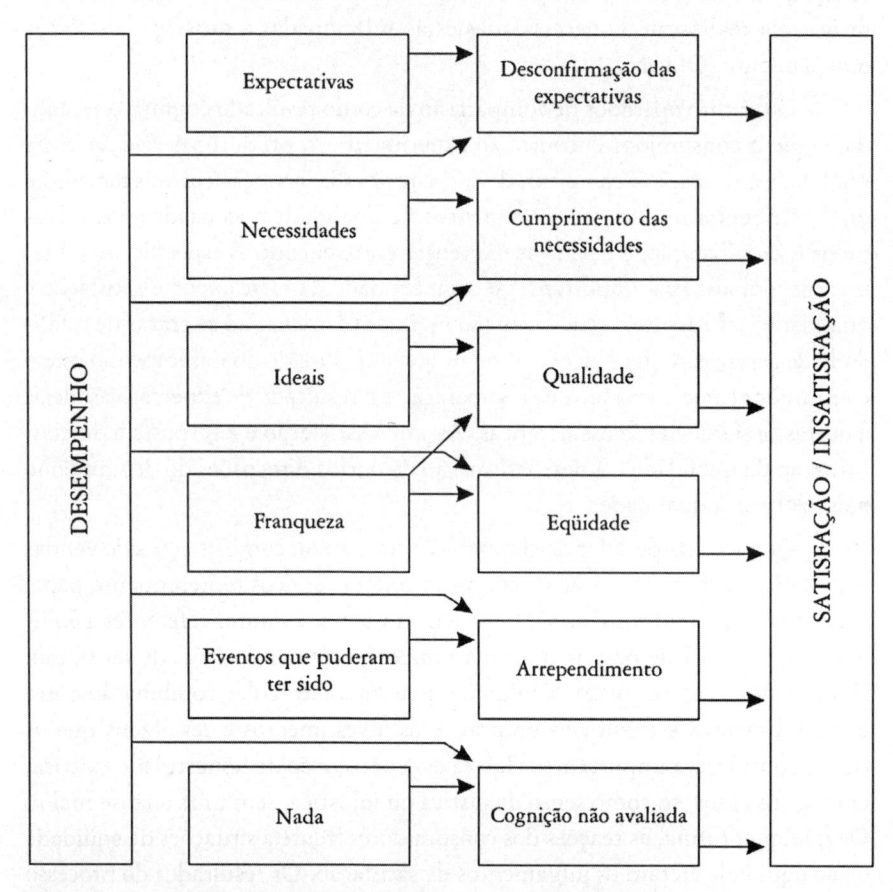

Figura 04 - Processo de comparação: operadores de comparação
Fonte: OLIVER, 1997, p. 24.

No outro extremo da Figura 04, encontra-se a inexistência de operador (nada), o que representa o caso em que não há comparação, ou seja, é reconhecida a possibilidade de que o desempenho possa afetar a satisfação diretamente, sem que sejam considerados operadores de comparação, o que é conhecido com o nome de *cognição não avaliada*.

Quanto ao segundo operador de comparação, Oliver (1997) afirma que a realização de necessidades é um dos processos de comparação prévios à resposta de satisfação. A análise das necessidades pode proporcionar resultados adicionais à desconfirmação das expectativas. Falhar, cumprir ou exceder na realização das necessidades, pode produzir diferentes predições de satisfação do que falhar, cumprir ou exceder na realização das expectativas. A desconfirmação de expectativas e a realização de necessidades estão relacionadas à satisfação de forma independente (Oliver, 1997).

O terceiro operador de comparação dá como resultado cognitivo a qualidade que o consumidor encontra ao experimentar o produto. A relação entre qualidade e satisfação é complexa, devido à intrincada interação entre as dimensões do desempenho usadas nos julgamentos de qualidade e as usadas nos julgamentos de satisfação, e devido às diferenças entre encontros específicos e julgamentos globais. Pela importância e complexidade da relação entre satisfação e qualidade, esse assunto será discutido mais amplamente ao se tratar de qualidade de serviços. Oliver (1997) conclui que a qualidade do desempenho que o consumidor toma como base de comparação é o resultado de expectativas ideais e outras preferências idiossincráticas. Assim, a satisfação é a resposta à desconfirmação da qualidade e à desconfirmação de outras dimensões do desempenho não relativas à qualidade.

Quanto ao operador de comparação franqueza, como as ações de vendas e *marketing* estimulam a ação de compra e o setor serviços representa um papel cada vez mais importante na vida dos consumidores, assuntos referentes à eqüidade e não eqüidade passam a ser mais importantes nas decisões de satisfação. Geralmente, os consumidores julgarão honesta a particular combinação entre os investimentos e resultados próprios e os investimentos e resultados que os outros consideram importantes. Talvez essa percepção de honestidade existirá, em alguns casos, só como senso de justiça ou injustiça, sem uma análise maior. De qualquer forma, as reações dos consumidores frente a situações de eqüidade e não eqüidade afetam os julgamentos de satisfação. Os resultados do processo de eqüidade realizado pelo consumidor estão, na maior parte, sob controle dos profissionais de *marketing* e seus agentes.

Finalmente, é discutido o processo cognitivo de remorso do consumidor. Conhecido na literatura como arrependimento, esse conceito envolve a comparação dos resultados da compra de um bem ou serviço com o que poderia ter sido. Nesse processo cognitivo, o indivíduo não utiliza expectativas nem outros padrões de comparação, mas, sim, resultados reais ou imaginários que poderiam ter ocorrido, se outra alternativa tivesse sido selecionada, ou se ocorresse a possibilidade de não ter realizado a compra. Existe pouca pesquisa sobre esse tópico na literatura de comportamento do consumidor, e a importância dele na resposta está baseada em relatos livres, não científicos.

PROCESSOS PSICOLÓGICOS

Oliver (1997) descreve, ainda, os processos psicológicos que intervêm na formação de julgamentos de satisfação. Tais processos são menos observáveis que os discutidos anteriormente, mas são essenciais para se compreender o processo de satisfação com base na dissonância cognitiva. Essa consiste em manifestações de medo e ansiedade que o consumidor pode experimentar no momento de fazer a compra, como resultado de previsões de que o produto não terá o desempenho desejado ou esperado (Oliver, 1997). Segundo o autor, esse temor continua depois da compra, antes do uso e, provavelmente, permanecerá durante o uso do produto.

É claro que nem todos os processos de compra resultarão em dissonância, como no caso em que são tomadas decisões triviais, decisões sem conseqüências imediatas ou decisões sem maiores conseqüências. Mais propriamente, é sabido que uma série de condições antecedentes pode ser um indicador confiável de propensão à dissonância, e que essas condições são relativas a certas categorias de produto e não a todas. Tais condições específicas para situações de consumo, segundo Oliver (1997), são:

- a importância da decisão;
- a vontade pessoal ou responsabilidade;
- a irrevogabilidade.

Ou seja, as decisões podem variar em importância, nível de responsabilidade e grau de dificuldade envolvido em voltar atrás na decisão tomada, tornando possível a existência de dissonância, ou não, e afetando o grau da mesma.

Um aspecto da dissonância cognitiva que é diretamente relevante no processo de consumo é a atribuição de responsabilidade. O indivíduo seleciona ou determina aparentes razões ou causas para os resultados experimentados do bem ou serviço consumido. Embora os julgamentos de atribuição não tenham impacto direto sobre a satisfação, esse processo é crítico para a seqüência completa da satisfação. A atribuição parte da desconfirmação (como em "por que ocorreu uma discrepância negativa entre minhas expectativas e o desempenho do produto?"), surgindo as atribuições (defeito de fabricação), causando determinadas respostas emocionais (raiva). É aqui que aparece o mais novo e potencialmente importante desenvolvimento em pesquisa sobre satisfação, o papel da emoção do consumidor ou a afetividade.

A teoria sobre atribuições vem da psicologia e seu objetivo é explicar as reações dos indivíduos frente a outros, fazendo a primeira distinção entre razões atribuídas à pessoa (a si mesmo ou outra) e razões atribuídas à situação ou contexto (Oliver, 1997). Baseado nas teorias desenvolvidas sobre o assunto, Oliver (1997) resgata os aspectos mais importantes para a pesquisa sobre o comportamento do consumidor e o processo de consumo. O autor descreve primeiramente as três características básicas das atribuições:

a) ator *versus* observador;

b) causas *versus* razões;

c) explicações atribuídas à pessoa *versus* as atribuídas à situação.

Ator é o indivíduo em foco, a pessoa cujo comportamento será explicado. O observador é qualquer outra pessoa habilitada para ver a situação de fora. São as explicações do ator sobre o sucesso ou fracasso do produto consumido as que, de forma mais imediata, afetam a resposta de satisfação. Existem duas circunstâncias nas quais o consumidor, como observador, é importante. A primeira ocorre quando a observação da experiência de consumo de outras pessoas tem influência potencial sobre a própria satisfação (observação da prestação de um serviço). A outra é quando o consumidor está comprometido como parte da experiência de consumo, podendo ser, simultaneamente, ator e observador (transação entre o consumidor e o pessoal de vendas).

A segunda característica das atribuições refere-se à diferença entre causas e razões. Causas são agentes capazes de fazer acontecer um evento ou produzir resultados. O impacto delas pode ser direto ou indireto e, às vezes, imperceptível para a pessoa. Como muitas causas são indiretas e imperceptíveis, os indivíduos podem atribuir outras explicações consistentes com o conhecimento que possuem. Outro conceito relacionado é o de racionalização ou justificação, em que o consumidor pode saber ou não a causa ou razão, mas dá uma resposta socialmente aceitável. No estudo do processo de consumo, a importância deste último conceito é que justificativas podem, no futuro, se converter em razões (Oliver, 1997).

A distinção entre pessoa e situação é outra das características das atribuições. No campo do consumo, o indivíduo pode atribuir os resultados de sua desconfirmação à pessoa (a si mesmo, a outra pessoa ou a outras pessoas) ou à situação (competitividade), dependendo também de sua posição (ator, observador) e da sua experiência e conhecimento. Oliver (1997) sustenta que as atribuições têm dimensões baseadas em:

a) entidade causal (consumidor, produto, organização);

b) estabilidade da causa (probabilidade da causa repetir-se, se é estável ou não);

c) controlabilidade da causa (se pode ou não ser controlada pelo consumidor ou outros).

Essas três dimensões são entendidas por Oliver (1997) como essenciais ao processo de atribuição do consumidor e, por conseguinte, no processo de consumo.

Na primeira dimensão, a entidade causal (interna ou externa), os resultados da experiência de desconfirmação são atribuídos à própria pessoa ou a um agente externo. A segunda dimensão refere-se à estabilidade das causas atribuídas. Ambas as causas, internas e externas, podem ser estáveis e variáveis dependendo do caso. A controlabilidade das causas é a terceira dimensão, como a capacidade de as causas serem modificadas pelo autor ou por um agente externo. Por exemplo, no caso do sucesso ou fracasso de um estudante, causas internas podem ser a sua habilidade ou o esforço na preparação para uma avaliação, e causas externas, a dificuldade de uma disciplina, em particular, ou o professor da disciplina. A causa interna, habilidade, é estável e não controlável; no entanto, o esforço, também uma causa interna, é variável e controlável. A causa externa de uma disciplina, em particular, é estável e de baixa possibilidade de controle. Porém, a causa externa, instrutor, é variável e controlável.

Para completar a seqüência dos processos psicológicos, Oliver (1997) exprime que, uma vez completado o processo de atribuição, os resultados são distintas emoções. Conhecido com o nome de afetividade do consumidor, esse mecanismo refere-se às respostas emocionais que os consumidores podem apresentar ao responder sobre a avaliação do desempenho de um bem ou serviço. Como exemplo, pode-se considerar a raiva de um consumidor frente a resultados negativos na experimentação de um produto.

As respostas emocionais dos consumidores podem ir desde muito negativas, tais como ira, até muito positivas, como deleite ou prazer. Paralelamente à positividade ou negatividade da resposta afetiva, encontra-se o nível de saliência provocado, como no caso em que uma resposta negativa pode ser manifestada através de ira (alto nível) ou ressentimento (baixo nível).

A distinção entre emoção, ou resposta afetiva, e satisfação é discutível devido ao fato de esta última poder ser entendida como uma emoção. Por meio do estudo das teorias sobre emoção, Oliver (1997) descobre o papel emocional da satisfação no consumo, que não é simplesmente uma emoção, pois existe também o componente cognitivo. Na opinião do autor, a satisfação é uma parte do processo de consumo que resulta de uma avaliação emocional e de uma avaliação cognitiva. Para ele, o consumidor pode alternativamente enfatizar o componente cognitivo ou o componente afetivo dos resultados da compra de um bem ou serviço. Por exemplo, o consumidor pode enfatizar mais o conhecimento proporcionado por um produto, em vez do orgulho de possuí-lo; esta é uma satisfação cognitivamente orientada.

Concluindo, Oliver (1997) reúne todos os processos (de comparação e psicológicos) discutidos até aqui numa estrutura integrada, configurando o chamado modelo geral do processo de consumo, estampado na Figura 05.

Tal modelo aponta que a satisfação não pode ser assumida como uma coisa só, por envolver várias formas de respostas de satisfação. O extremo superior do modelo indica que o consumidor pode optar por não se envolver em nenhum tipo de processo, convertendo-se num aceitante passivo dos resultados do consumo; isto representa a possibilidade de o consumidor reagir à experimentação do bem ou serviço de forma espontânea. De outra parte, o aumento do envolvimento do consumidor leva ao processamento de mais e mais mecanismos cognitivos e psicológicos integrantes do modelo, até atingir a totalidade dos elementos do mesmo. O envolvimento é o nível de importância pessoal percebida e/ou o interesse evocado por estímulos numa situação específica (Engel *et al.*, 1995). Quanto maior o envolvimento, mais o consumidor se preocupa com os riscos e os benefícios em jogo na compra de um bem ou no uso de um serviço.

A segunda seqüência parte do paradigma da desconfirmação das expectativas e admite que operações comparativas são a chave para a continuação do processo. Essas operações são consideradas como avaliadoras e incluem julgamentos de desconfirmação de expectativas e as outras comparações discutidas (necessidades, qualidade, eqüidade, o que poderia ter sido). Para simplificar, todos os outros processos de comparação realizados pelo consumidor são considerados dentro do processo de desconfirmação, não sendo descritos separadamente na figura do modelo.

```
                    ┌─────────────────────┐
                    │ Avaliação primária  │       ┌──────────┐
                    │(sucesso / deficiência)│────▶│  Reação  │
                    └─────────────────────┘       └──────────┘
                            ▲                           │
                            │                           ▼
┌──────────────┐            │                    ┌──────────────┐
│ Desempenho / │────────────┘                    │ Satisfação / │
│  resultados  │────────────────────────────────▶│ insatisfação │
└──────────────┘                                 └──────────────┘
        │            ┌──────────────┐                  ▲
        │            │ Expectativas │──────────────────┤
        │            └──────────────┘                  │
        │                    │                   ┌──────────┐
        │                    │                   │ Emoções  │
        │                    ▼                   └──────────┘
        │        ┌──────────────────────┐              ▲
        └───────▶│  Desconfirmação e    │──────────────┤
                 │  outras avaliações   │              │
                 └──────────────────────┘        ┌───────────┐
                                                 │ Atribuição│
                                                 └───────────┘
```

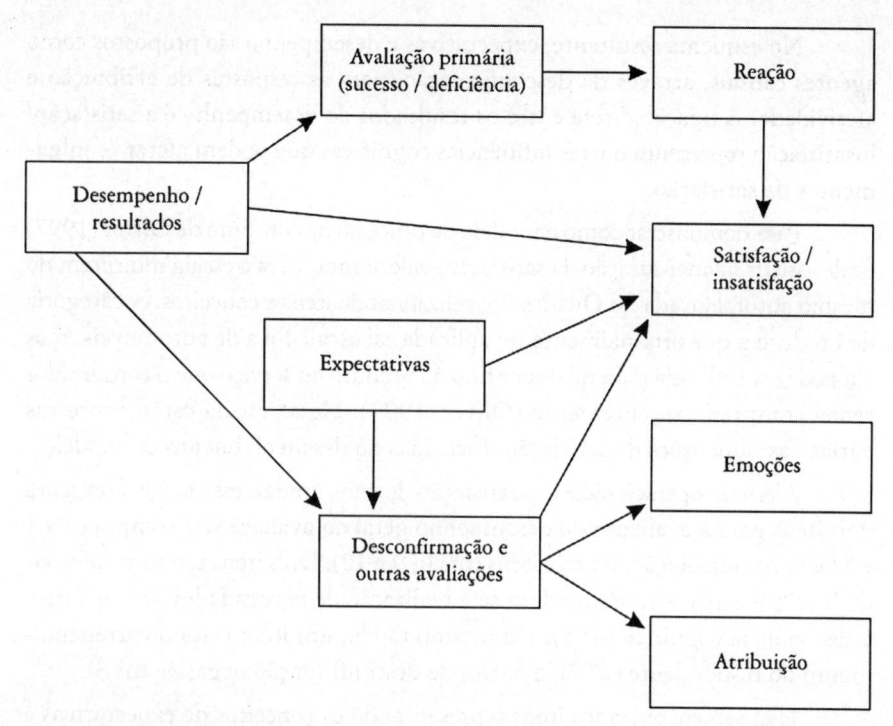

Figura 05 - Modelo geral do processo de consumo
Fonte: OLIVER, 1997, p. 337.

Uma vez reconhecida a desconfirmação, a fase de atribuição é evocada. Senão, geralmente uma afetividade positiva ou negativa, derivada do desempenho ou das expectativas, determinarão a resposta geral do consumidor sobre o produto experimentado. Se o processo de atribuição for evocado, a resposta do consumidor será mais complexa, indo além da atribuição de emoções específicas resultantes da avaliação do bem ou serviço utilizado.

O processo de dissonância cognitiva não está representado na Figura 05 de forma separada. Esse é um mecanismo que diz respeito ao comportamento do consumidor antes de realizar a compra, durante a compra, depois da compra e antes do consumo, durante o consumo e depois do consumo. Assim, na avaliação dos resultados obtidos a partir do consumo de um bem ou serviço, o processo de dissonância cognitiva encontra-se revelado como interveniente nas respostas de satisfação/insatisfação por meio do processo de atribuições.

No esquema resultante, expectativas e desempenho são propostos como agentes causais, através da desconfirmação, para as respostas de atribuição e afetividade. A ligação direta entre os resultados do desempenho e a satisfação/insatisfação representa outras influências cognitivas que podem afetar os julgamentos de satisfação.

Para demonstrar como o modelo de processo de consumo de Oliver (1997) pode assistir na mensuração da satisfação, vale atentar para a escala multiitem do mesmo autor, lançada no Quadro 03, relacionando itens e conceitos. A categoria de produto a que originalmente foi aplicada tal escala foi a de automóveis, mas ela pode ser utilizada para qualquer tipo de produto ou serviço que o consumidor tenha comprado recentemente (Oliver, 1997). Nessa escala estão expressas várias das dimensões da satisfação discutidas no desenvolvimento do modelo.

Além de operacionalizar a satisfação do consumidor, essa escala apresenta dois itens para a avaliação do desempenho geral ou avaliação da compra (nºs 1 e 11). Sobre atribuição, há três itens (nºs 6, 9 e 12). Dois itens são sobre afetividade (nºs 8 e 10). Um item refere-se à realização de necessidades (nº 2), outro, à dissonância cognitiva (nº 5). Do mesmo modo, um item trata do arrependimento do respondente (nº 7), e outro, de desconfirmação negativa (nº 3).

Não são encontrados itens representando os conceitos de expectativas e eqüidade. As expectativas não foram incluídas porque não ficaria claro sobre qual nível delas estar-se-ia indagando (ideal, previsto etc.), e o escore ficaria ambíguo (Oliver, 1997). Já sobre a eqüidade, o autor entende que itens que dela tratam podem ser incluídos em casos particulares, de acordo com o contexto. Quanto à desconfirmação positiva, o autor deixa aberta a possibilidade de incluir um item da forma "este veículo excedeu minhas expectativas".

Quadro 03 - Escala de satisfação do consumidor

N°	Item da escala	Conceito relativo
1	Este automóvel é um dos melhores que já pude comprar.	Avaliação do desempenho geral e qualidade
2	Este automóvel é exatamente o que necessito.	Realização das necessidades
3	Este automóvel não tem funcionado tão bem como pensei que faria.	Desconfirmação de expectativas (negativa)
4	Estou satisfeito com minha decisão de comprar este automóvel.	Satisfação
5	Às vezes tenho dúvidas sobre se devo continuar com este automóvel.	Dissonância cognitiva
6	Minha escolha de comprar este veículo foi a mais sensata	Atribuição de sucesso
7	Se eu pudesse, compraria outra marca ou modelo.	Arrependimento
8	Eu tenho realmente gostado deste automóvel.	Afetividade positiva
9	Sinto-me mal com a minha decisão de comprar este veículo.	Atribuição de fracasso (remorso)
10	Não estou feliz por ter comprado este veículo.	Afetividade negativa
11	Ser dono deste veículo tem sido uma boa experiência.	Avaliação da compra (resultados)
12	Estou seguro de ter feito a coisa certa ao comprar este veículo.	Atribuição de sucesso

Fonte: Adaptado de OLIVER (1997, p. 343).

Parte II
Mensuração de satisfação, qualidade, lealdade, valor, expectativa e imagem: um estudo empírico em *shopping center*

Modelo Estrutural da Pesquisa

Observando-se a revisão da literatura pertinente ao tema de estudo, e com o objetivo de verificar empiricamente as relações do modelo ECSI no setor de *shopping center* no Brasil, o modelo de pesquisa testado segue o modelo original ECSI, exceto pela exclusão do construto reclamação, feita a critério do pesquisador. Desse modo, o modelo testado apresenta as seguintes relações hipotéticas, conforme a Figura 06.

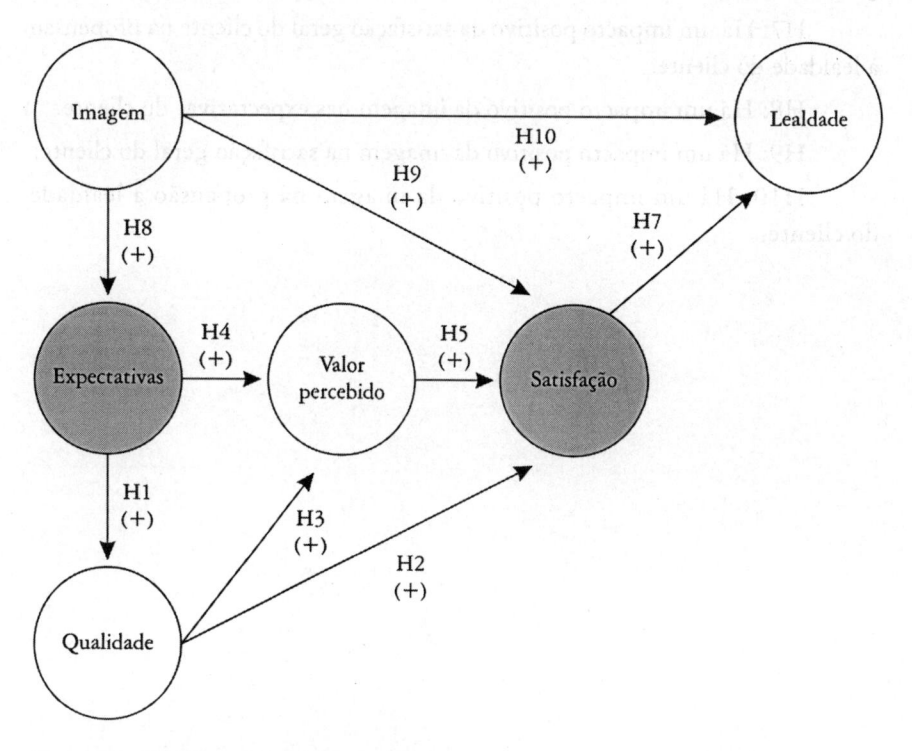

Figura 06 - Modelo estrutural de pesquisa
Fonte: Elaborado pelo pesquisador.

H1: Há um impacto positivo das expectativas do cliente na qualidade percebida pelo cliente.

H2: Há um impacto positivo da qualidade percebida pelo cliente na satisfação geral do cliente.

H3: Há um impacto positivo da qualidade percebida pelo cliente no valor percebido pelo cliente.

H4: Há um impacto positivo das expectativas no valor percebido pelo cliente.

H5: Há um impacto positivo do valor percebido pelo cliente na satisfação geral do cliente.

H6: Há um impacto positivo das expectativas do cliente na satisfação geral do cliente.

H7: Há um impacto positivo da satisfação geral do cliente na propensão à lealdade do cliente.

H8: Há um impacto positivo da imagem nas expectativas do cliente.

H9: Há um impacto positivo da imagem na satisfação geral do cliente.

H10: Há um impacto positivo da imagem na propensão à lealdade do cliente.

Metodologia

ESTRATÉGIA DA PESQUISA

A pesquisa foi organizada em duas fases. A primeira fase, de caráter preliminar, teve como objetivo estudar o fenômeno em maior profundidade, proporcionar maior familiaridade com o problema para torná-lo explícito, auxiliando na identificação de variáveis. Para tal, formaram-se quatro grupos de foco com clientes do *Shopping* (homens, mulheres, misto e adolescentes), e, para facilitar a participação dos clientes, instituíram-se, como incentivo, vale-compras no valor de R$ 100,00 para cada respondente. A segunda fase consistiu de uma investigação quantitativa por meio de um *survey*. Tal método foi utilizado por permitir não só a quantificação dos dados, como também a generalização dos resultados para a população (Malhotra, 2001).

O *survey* teve como amostra clientes de um *shopping* localizado na Grande Belo Horizonte, os quais responderam a um questionário estruturado (Apêndice A), aplicado por meio de entrevista pessoal. Como incentivo aos respondentes, foi realizado o sorteio de um DVD, cedido pela administração do referenciado *Shopping*.

TIPO DE PESQUISA

Do ponto de vista de seus objetivos, a pesquisa é descritiva, pois visa identificar os fatores que contribuem para a ocorrência dos fenômenos, aprofunda o conhecimento da realidade (Gil, 1991).

Quanto à abordagem, esclarece-se que a pesquisa é aplicada e objetivou gerar conhecimento sobre um problema específico envolvendo verdades e interesses locais. Do ponto de vista da abordagem do problema, a pesquisa possui uma fase quantitativa descritiva e outra fase qualitativa exploratória. Os procedimentos técnicos utilizados são: revisão bibliográfica, grupos de foco, painel de especialistas e levantamento (*survey*).

UNIVERSO, AMOSTRA E PERÍODO DE ESTUDO

Universo da pesquisa

O universo amostral foram os clientes residentes na região de influência do *Shopping*.

Amostra

Inicialmente, foi considerada uma amostra de, no mínimo, 450 respondentes como suficiente para 5% de erro e 95% de grau de confiança (população infinita, escala dicotômica).

Após as 450 primeiras respostas (estudo-piloto), foi calculada a amostra para média, população finita, baseada na média e desvio padrão estimado (respondentes iniciais). Para avaliação do modelo, foram considerados 10 respondentes por parâmetro a ser estimado.

Para o cálculo da amostra foi utilizada a maior amostra exigida por item, de acordo com Malhotra (2001), com margem de confiança de 95% e margem de erro de 5%. Os itens que obtiveram a maior amostra necessária são demonstrados na Tabela 01.

Tabela 01 - Cálculo da amostra por item

Variável	Casos válidos	Média	Desvio	Variância	Tamanho da amostra
S2	893	5,378059	2,865368	8,210335	436,1962
S12	893	5,167985	3,301775	10,90172	627,2266
L2	893	5,208574	3,293542	10,84742	614,4138
L_F2R	893	3,3679	2,51156	6,30793	854,5567

Fonte: Dados da pesquisa.

Unidade de análise

A unidade de análise foi o Betim Shopping.

Unidade de observação

A unidade de observação é o cliente do Betim Shopping, através de avaliações realizadas por meio de questionário estruturado.

COLETA DE DADOS

Os dados foram coletados através de entrevista pessoal aplicada por meio de questionário estruturado, como exposto no Apêndice A. A coleta total de 1.144 questionários foi realizada no período de 15 a 22 de outubro de 2003. Foi realizada em todos os horários e dias da semana, no interior do *Shopping*, respeitando pesquisas anteriores, para um público masculino de 52%, e um público feminino de 48% (estratificação).

Análise Exploratória dos Dados e Verificações das Medições

A análise exploratória dos dados seguiu, metodologicamente, uma série de etapas, que visaram verificar pressupostos e consistência dos dados, confiabilidade e validade das medições e escalas, criando a base para o teste das hipóteses propostas.

ANÁLISE EXPLORATÓRIA DOS DADOS

Análise dos dados ausentes

Inicialmente, procurou-se investigar os impactos causados pela presença de dados ausentes na amostra coletada, 1.141 respondentes. Segundo Hair *et al.* (1998), várias são as estratégias para se lidar com valores ausentes. Entretanto, a utilização dessas estratégias está vinculada ao tipo de padrão de dados ausentes encontrado, ou seja, espera-se que o padrão seja considerado como "ausentes completamente ao acaso", como sugerido pelo autor (*op. cit.*, p. 50).

Para retirar os primeiros casos responsáveis pelos dados ausentes, utilizou-se o mesmo procedimento utilizado por Hair *et al.* (1998, p. 56), ou seja, foram retirados os casos que eram responsáveis por 50% dos dados ausentes encontrados. Nessa primeira intervenção, foram retirados 82 casos. Após essa retirada, procurou-se por casos que eram responsáveis pela não aleatoriedade dos dados ausentes. Novamente, é importante ressaltar que a utilização de técnicas de atribuição de dados exige que o padrão de dados ausentes seja classificado como "ausentes completamente ao acaso".

Assim sendo, para atingir esse padrão desejável, foram retirados mais 78 casos responsáveis por dados ausentes nos construtos expectativas e qualidade. Para avaliar se os dados ausentes restantes poderiam ser classificados como "ausentes completamente ao acaso", realizou-se o teste multivariado denominado "Teste de Little".

Por meio dessa última intervenção, a retirada de 160 casos, atingiu-se o padrão de ausência "ausentes completamente ao acaso", padrão este que autoriza a utilização de técnicas de imputação para preencher os espaços vazios restantes.

Análise de valores extremos

Após a análise de dados ausentes, procedeu-se à retirada de casos extremos multivariados. Essa análise baseou-se no procedimento indicado por Hair *et al.* (1998). Segundo o autor, valores extremos multivariados podem ser identificados por meio da distância de Mahalanobis. Se essa distância extrapola um mínimo desejável, constata-se a presença de um valor extremo multivariado. Por meio dessa análise, foram identificados e retirados 88 casos considerados "valores extremos multivariados".

Levando-se em conta o número de casos retirados, responsáveis por dados ausentes (160) mais os responsáveis por valores extremos multivariados (88), chegou-se a uma amostra final de 893 casos (1141-248).

ANÁLISE DE LINEARIDADE

Por meio da análise Correlação de Pearson, constatou-se a presença de correlações estatisticamente significativas. As tabelas sobre análise de linearidade se encontram no Apêndice B.

VALIDADE DAS MEDIDAS

Para a validade das medidas, utilizou-se a validade de conteúdo e de construto.

Validade de conteúdo

Na verificação de validade de conteúdo, buscou-se fazer uma avaliação subjetiva e sistemática das escalas utilizadas como operacionalização dos construtos focalizados (Malhotra, 1996). Desse modo, buscou-se utilizar escalas propostas e testadas em estudos prévios, bem como avaliação de um grupo de especialistas e pesquisadores de *marketing*.

Em uma segunda etapa, quatro grupos de foco foram conduzidos com pessoas do público-alvo, de modo a identificar itens. No terceiro estágio do desenvolvimento das medições, uma lista dos construtos e itens de mensuração foi submetida a um painel de especialistas de *marketing*. Em seguida, um pré-teste com 50 respondentes foi conduzido e analisado.

Os construtos foram operacionalizados através de questões provenientes de estudos anteriores, grupo de foco e painel de especialistas. Segue a descrição dessa operacionalização de cada construto:

Satisfação: escala de 11 itens, adaptada de Oliver (1997, p. 343).

Propensão à lealdade: escala de 11 itens, adaptada de Fornell *et al.* (1996), Parasuraman, Berry e Zeithami (1994).

Qualidade percebida pelo cliente: escala de 11 itens, adaptada de Parasuraman, Berry, Zeithaml e Servqual (1988, p. 12-40).

Expectativas do cliente: escala de 11 itens, adaptada de Fornell *et al.* (1996), e perguntas provenientes dos grupos de foco e painel de especialistas.

Valor percebido pelo cliente: escala de 11 itens, adaptada de Fornell *et al.* (1996), Dodds, Monroe, Grewal (1991), e perguntas provenientes dos grupos de foco.

Imagem: escala de 11 itens, adaptada do Instituto Português da Qualidade.[1]

Unidimensionalidade das escalas de mensuração e verificação de fatores nos construtos

Análise fatorial é uma técnica estatística que objetiva a redução e/ou um resumo das informações analisadas. Malhotra (1996) sugere os seguintes passos para a realização de uma análise fatorial:

- formular o problema;
- construir uma matriz de correlação;
- determinar o número de fatores;
- realizar uma rotação para melhorar a visualização da estrutura fatorial;
- interpretar os fatores discriminados;
- determinar o ajustamento do modelo.

Nesse estudo, o objetivo da análise fatorial foi confirmar, empiricamente, a presença das dimensões que reflitam os construtos teoricamente justificados. A existência de correlações significativas entre os itens foi mensurada a partir da estatística denominada Esfericidade de Bartlett, cujo objetivo é testar a hipótese

---

[1] European Customer Satisfaction Index. Disponível na internet em: <http://www.ipq.pt/ecsi>.

nula de que não há correlação significativa entre os itens, isto é, a matriz de correlação envolvendo os itens é a matriz identidade.

Se a hipótese não for rejeitada, a utilização da análise fatorial pode ser colocada em dúvida. Outra medida de importância fundamental é a medida de adequação da amostra, também conhecida como KMO (Kaiser-Meyer-Olkin). Essa medida compara o valor das correlações observadas com os valores das correlações parciais. Pequenos valores de KMO indicam que as correlações entre os pares de variáveis não podem ser explicadas por outras variáveis e que, assim, a análise fatorial não é indicada.

Hair *et al.* (1998) e Malhotra (1996) recomendam 0,50 como valor mínimo para a estatística KMO, isto é, valores iguais ou superiores a 0,50 indicam que a análise fatorial é uma técnica apropriada para o conjunto de dados em questão. Segundo Hair *et al.* (1998), a Medida de Adequação da Amostra pode ser interpretada da seguinte maneira: 0,90 ou acima, excelente; 0,80 ou acima, muito boa; 0,70 ou acima, boa; 0,60 ou acima, regular; 0,50 ou acima, ruim; e abaixo de 0,50, inaceitável.

Outra importante decisão é quanto ao método de extração e tipo de rotação a serem utilizados na análise fatorial. Como método de extração utilizou-se a extração por eixos principais. Segundo Malhotra (1996), esse método é o mais indicado quando o objetivo principal é verificar a existência de dimensões latentes. Quanto ao método de rotação, foi utilizado o Oblíquo, pois segundo Hair *et al.* (1998, p. 110), esse é o método apropriado quando o objetivo da análise fatorial é a obtenção de dimensões teoricamente significativas.

Para avaliar se as cargas fatoriais são ou não significativas, considerou-se o valor 0,30 como corte, ou seja, deseja-se que o item explique, no mínimo, 9% da variância do fator.

Posto isso, procedeu-se conforme as recomendações dos autores citados nos parágrafos anteriores.

De acordo com as Tabelas 02, 03, 04, 05, 06 e 07, verifica-se que o indicador KMO atingiu valores acima de 0,66, e a estatística Esfericidade de Bartlett atingiu valores inferiores a 0,05, ou seja, levando à rejeição da hipótese de que não há correlações significativas entre os itens.

Após essa avaliação, fez-se necessária a análise de consistência interna dos fatores extraídos por meio da análise fatorial. O objetivo e os resultados da análise de confiabilidade serão abordados na próxima seção.

Tabela 02 - KMO e Teste de Esfericidade de Bartlett - Expectativas

KMO - Medida de Adequação da Amostra		0.80
Teste de Esfericidade de Bartlett	Qui-quadrado aproximado	1759.61
	Df	10
	Sig.	0.000

Fonte: Dados de pesquisa.

Tabela 03 - KMO e Teste de Esfericidade de Bartlett - Valor

KMO - Medida de Adequação da Amostra		0.82
Teste de Esfericidade de Bartlett	Qui-quadrado aproximado	1501.64
	Df	10
	Sig.	0.000

Fonte: Dados de pesquisa.

Tabela 04 - KMO e Teste de Esfericidade de Bartlett - Qualidade

KMO - Medida de Adequação da Amostra		0.96
Teste de Esfericidade de Bartlett	Qui-quadrado aproximado	10923.29
	Df	210
	Sig.	0.000

Fonte: Dados de pesquisa.

Tabela 05 - KMO e Teste de Esfericidade de Bartlett - Lealdade

KMO - Medida de Adequação da Amostra		0.66
Teste de Esfericidade de Bartlett	Qui-quadrado aproximado	716.17
	Df	10
	Sig.	0.000

Fonte: Dados de pesquisa.

Tabela 06 - KMO e Teste de Esfericidade de Bartlett - Imagem

KMO - Medida de Adequação da Amostra		0.92
Teste de Esfericidade de Bartlett	Qui-quadrado aproximado	4357.13
	Df	55
	Sig.	0.000

Fonte: Dados de pesquisa.

Tabela 07 - KMO e Teste de Esfericidade de Bartlett - Satisfação

		1ª Fatorial
KMO - Medida de Adequação da Amostra		0.92
Teste de Esfericidade de Bartlett	Qui-quadrado aproximado	3515.07
	Df	55
	Sig.	0.000

Fonte: Dados de pesquisa.

Análise de confiabilidade por meio da análise de consistência interna e determinação dos fatores das escalas

Depois de avaliar a dimensionalidade dos construtos, procedeu-se à avaliação da confiabilidade das escalas por meio da análise de consistência interna. Utilizou-se o coeficiente Alfa de Cronbach, que é calculado utilizando-se a seguinte fórmula 01:

(01) $\quad$ Alfa de Cronbach $= \dfrac{k*med(COV)/med(VAR)}{1+(k-1)*med(COV)/med(VAR)}$

Onde:

- k é o número de itens da escala
- $med(COV)$ é a média de covariância entre os itens
- $med(VAR)$ é a média de variância entre os itens

Quanto ao valor de corte a ser adotado para esse indicador, constata-se que há um consenso entre Hair *et al.* (1998) e Malhotra (1996). Para Hair *et al.* (1998), um valor de pelo menos 0,70 reflete uma fidedignidade aceitável, embora reconheça que esse valor não seja um padrão absoluto. Os autores esclarecem, ainda, que valores Alfa de Cronbach inferiores a 0,70 são aceitos se a pesquisa for de natureza exploratória. Já para Malhotra (1996), valores do coeficiente Alfa abaixo de 0,60 indicam confiabilidade insatisfatória.

Nesse estudo o valor de corte para determinar o pior caso foi de 0,60, seguindo, pois, a recomendação de Malhotra (1996). Ressalta-se, entretanto, que todos os esforços serão feitos para buscar valores de Alfa de Cronbach que se aproximem do valor 1. As Tabelas 08 a 13, a seguir, apresentam os resultados da análise de dimensionalidade (fatorial) dos construtos.

Tabela 08 - Variância Total Explicada - Expectativas

Autovalores		% da Variância	Variância acumulada %
Dimensionalidade	Total		
1	2.88	57.66	57.66
2	0.74	14.79	72.45
3	0.69	13.75	86.19
4	0.45	9.03	95.23
5	0.24	4.78	100

Método de extração: Fatoração pelos eixos principais.
Fonte: Dados de pesquisa.

Tabela 09 - Variância Total Explicada - Valor

Dimensionalidade	Autovalores Total	% da Variância	Variância acumulada %
1	2.82	56.33	56.33
2	0.83	16.59	72.93
3	0.53	10.54	83.46
4	0.47	9.32	92.78
5	0.36	7.22	100

Método de extração: Fatoração pelos eixos principais.
Fonte: Dados de pesquisa.

Tabela 10 - Variância Total Explicada - Satisfação

Dimensionalidade	Autovalores Total	% da Variância	Variância acumulada %
1	4.71	47.06	47.06
2	0.93	9.29	56.36
3	0.79	7.89	64.24
4	0.63	6.33	70.57
5	0.60	5.98	76.55
6	0.58	5.80	82.35
7	0.52	5.24	87.59
8	0.47	4.65	92.24
9	0.42	4.23	96.47
10	0.35	3.53	100

Método de extração: Fatoração pelos eixos principais.
Fonte: Dados de pesquisa.

Tabela 11 - Variância Total Explicada - Qualidade

Autovalores		% da Variância	Variância acumulada %
Dimensionalidade	Total		
1	9.73	46.32	46.32
2	1.45	6.90	53.22
3	1.09	5.20	58.42
4	0.96	4.57	62.99
5	0.79	3.75	66.74
6	0.75	3.57	70.31
7	0.61	2.92	73.23
8	0.55	2.63	75.86
9	0.55	2.62	78.48
10	0.52	2.46	80.94
11	0.49	2.32	83.26
12	0.45	2.16	85.42
13	0.43	2.04	87.46
14	0.40	1.89	89.35
15	0.38	1.79	91.14
16	0.37	1.74	92.88
17	0.35	1.65	94.53
18	0.34	1.62	96.14
19	0.30	1.42	97.57
20	0.26	1.25	98.82
21	0.25	1.18	100

Método de extração: Fatoração pelos eixos principais.
Fonte: Dados de pesquisa.

Tabela 12 - Variância Total Explicada - Lealdade

Dimensionalidade	Autovalores Total	% da Variância	Variância acumulada %
1	2.10	41.98	41.98
2	1.12	22.41	64.39
3	0.71	14.11	78.50
4	0.61	12.10	90.60
5	0.47	9.40	100

Método de extração: Fatoração pelos eixos principais.
Fonte: Dados de pesquisa.

Tabela 13 - Variância Total Explicada - Imagem

Dimensionalidade	Autovalores Total	% da Variância	Variância acumulada %
1	5.15	46.83	46.83
2	1.05	9.58	56.41
3	0.92	8.38	64.79
4	0.72	6.59	71.38
5	0.67	6.11	77.49
6	0.60	5.49	82.98
7	0.46	4.19	87.17
8	0.40	3.59	90.76
9	0.39	3.52	94.28
10	0.32	2.92	97.20
11	0.31	2.80	100

Método de extração: Fatoração pelos eixos principais.
Fonte: Dados de pesquisa.

O construto *Expectativas* apresentou-se com apenas um fator. Visando uma melhora do valor do coeficiente Alfa de Cronbach, retirou-se o indicador E2. Com a retirada do indicador, o valor do coeficiente Alfa de Crobach ultrapassou o valor de 0,80, como demonstrado nas Tabelas 14, 15 e 16, a seguir.

Tabela 14 - Matriz Fatorial - Expectativas

Itens da escala	Dimensionalidade
E4	0.87
E5	0.81
E3	0.73
E1	0.51
E2	0.49

Método de extração: Fatoração pelos eixos principais.
Fonte: Dados de pesquisa.

Tabela 15 - Consistência Interna - Expectativas

	Correlação item-total	Alfa se item retirado
E1	.4572	.7993
E2	.4487	.8116
E3	.6552	.7396
E4	.7246	.7156
E5	.6813	.7330

Alfa de Cronbach = .7991
Fonte: Dados de pesquisa.

Tabela 16 - Consistência Interna - Expectativas

	Correlação item-total	Alfa se item retirado
E1	.4636	.8450
E3	.6409	.7586
E4	.7430	.7071
E5	.6971	.7336

Alfa de Cronbach = .8116
Fonte: Dados de pesquisa.

O construto *Valor* apresentou-se com apenas um fator, como pode ser observado na Tabela 17, abaixo. Para que se superasse o valor de 0,80, optou-se pela retirada do item V 2, como demonstrado nas Tabelas 18 e 19.

Tabela 17 - Matriz Fatorial - Valor

Itens da escala	Dimensionalidade
V4	0.80
V3	0.77
V5	0.71
V1	0.69
V2	0.38

Método de extração: Fatoração pelos eixos principais.
Fonte: Dados de pesquisa.

Tabela 18 - Consistência Interna - Valor

	Correlação item-total	Alfa se item retirado
V1	.5994	.7510
V2	.3507	.8242
V3	.6528	.7301
V4	.6887	.7217
V5	.6201	.7419

Alfa de Cronbach = .7950
Fonte: Dados de pesquisa.

Tabela 19 - Consistência Interna - Valor

	Correlação item-total	Alfa se item retirado
V1	.6212	.7924
V3	.6734	.7668
V4	.6966	.7583
V5	.6211	.7963

Alfa de Cronbach = .8242
Fonte: Dados de pesquisa.

O construto *Satisfação* apresentou três fatores após refinamentos sucessivos. O primeiro refinamento, Tabela 20, consistiu na retirada do item S12, pois o mesmo não definiu nenhum fator. Já o segundo refinamento, Tabela 21, consistiu na retirada do item S10 pelo fato de o mesmo, também, não definir nenhum fator.

Tabela 20 - Matriz Fatorial - Satisfação

Itens da escala	Dimensionalidade			
	1	2	3	4
S8	0.64			
S10	0.53			
S11	0.40			
S9	0.36			
S3		0.83		
S4		0.55		
S6		0.38		
S2			0.76	
S5			0.48	
S1			0.43	
S12				0.51

Método de extração: Fatoração pelos eixos principais.
Método de rotação: Oblíquo.
Fonte: Dados de pesquisa.

Tabela 21 - Matriz Fatorial - Satisfação

Itens da escala	Dimensionalidade			
	1	2	3	4
S2	0.74			
S5	0.56			
S1	0.53			
S11	0.37			
S3		-0.85		
S4		-0.62		
S6		-0.41		
S10			0.70	
S9				-0.56
S8				-0.31

Método de extração: Fatoração pelos eixos principais.
Método de rotação: Oblíquo.
Fonte: Dados de pesquisa.

Finalmente, a última análise fatorial realizada mostrou três fatores, Tabela 22, a seguir. Todos os três fatores mostraram-se consistentes, apresentando valores de Alfa de Cronbach que superaram 0,70, como se observa nas Tabelas 23, 24 e 25.

Tabela 22 - Matriz Fatorial - Satisfação

Itens da escala	Dimensionalidade		
	1	2	3
S8	0.63		
S11	0.59		
S10	0.58		
S9	0.52		
S3		-0.82	
S4		-0.54	
S6	0.32	-0.37	
S2			-0.72
S5	0.31		-0.43
S1			-0.38

Método de extração: Fatoração pelos eixos principais.
Método de rotação: Oblíquo.
Fonte: Dados de pesquisa.

Tabela 23 - Consistência Interna - Satisfação
1ª Dimensão

	Correlação item-total	Alfa se item retirado
S8	.6010	.6716
S9	.5722	.6847
S10	.4922	.7349
S11	.5492	.6977

Alfa de Cronbach = .7541
Fonte: Dados de pesquisa.

Tabela 24 - Consistência Interna - Satisfação
2ª Dimensão

	Correlação item-total	Alfa se item retirado
S3	.6284	.6322
S4	.6288	.6321
S6	.5173	.7547

Alfa de Cronbach = .7593
Fonte: Dados de pesquisa.

Tabela 25 - Consistência Interna - Satisfação
3ª Dimensão

	Correlação item-total	Alfa se item retirado
S1	.4932	.6613
S2	.5476	.5937
S5	.5462	.5955

Alfa de Cronbach = .7093
Fonte: Dados de pesquisa.

O construto *Qualidade* apresentou cinco fatores, Tabela 26. Todos os fatores apresentaram valores de Alfa de Cronbach superiores a 0,60, demonstrado nas Tabelas 27, 28, 29 e 30, a seguir, exceto o fator 5, representado pelos itens Q11 e Q17, como na Tabela 31, a seguir, que alcançou um valor de consistência de 0,48. Assim sendo, o fator 5 não foi considerado nas análises posteriores.

Tabela 26 - Matriz Fatorial - Qualidade

Itens da escala	Dimensionalidade				
	1	2	3	4	5
Q7	0.68				
Q4	0.66				
Q3	0.62				
Q6	0.62				
Q12	0.53				
Q1	0.48				
Q10	0.40				
Q9		0.81			
Q8		0.64			
Q14		0.47		0.34	
Q24		0.43	0.35		
Q18		0.41			
Q20			0.48		
Q23			0.44		
Q19			0.41		
Q21				0.62	
Q13				0.48	
Q16				0.45	
Q22				0.41	
Q17					0.57
Q11					0.47

Método de extração: Fatoração pelos eixos principais.
Método de rotação: Oblíquo.
Fonte: Dados de pesquisa.

Tabela 27 - Consistência Interna - Qualidade
1ª Dimensão

	Correlação item-total	Alfa se item retirado
Q7	.7948	.8889
Q4	.7165	.8981
Q3	.7431	.8949
Q6	.7744	.8916
Q12	.7423	.8950
Q1	.6310	.9075
Q10	.7041	.8991

Alfa de Cronbach = .9100
Fonte: Dados de pesquisa.

Tabela 28 - Consistência Interna - Qualidade
2ª Dimensão

	Correlação item-total	Alfa se item retirado
Q9	.7331	.8205
Q8	.6672	.8375
Q14	.7014	.8288
Q24	.6714	.8364
Q18	.6420	.8449

Alfa de Cronbach = .8623
Fonte: Dados de pesquisa.

Tabela 29 - Consistência Interna - Qualidade
3ª Dimensão

	Correlação item-total	Alfa se item retirado
Q20	.5615	.5129
Q23	.3708	.7418
Q19	.5758	.4778

Alfa de Cronbach = .6827
Fonte: Dados de pesquisa.

Tabela 30 - Consistência Interna - Qualidade
4ª Dimensão

	Correlação item-total	Alfa se item retirado
Q21	.5715	.7183
Q22	.6125	.6956
Q13	.5291	.7393
Q16	.5852	.7124

Alfa de Cronbach = .7716
Fonte: Dados de pesquisa.

Tabela 31 - Consistência Interna - Qualidade
5ª Dimensão

	Correlação item-total	Alfa se item retirado
Q11	.3188	.
Q17	.3188	.

Alfa de Cronbach = .4812
Fonte: Dados de pesquisa.

O construto *Lealdade* apresentou dois fatores (Tabela 32). Os dois fatores extraídos mostraram-se consistentes, uma vez que o valor mínimo do coeficiente Alfa de Cronbach ultrapassou 0,60 (Tabelas 33 e 34).

Tabela 32 - Matriz Fatorial - Lealdade

Itens da escala	Dimensionalidade	
	1	2
L2	0.71	
L5	0.55	
L3	0.49	
L4		0.77
L1		0.65

Método de extração: Fatoração pelos eixos principais.
Método de rotação: Oblíquo.
Fonte: Dados de pesquisa.

Tabela 33 - Consistência Interna - Lealdade
1ª Dimensão

	Correlação item-total	Alfa se item retirado
L2	.4435	.4781
L3	.3961	.5425
L5	.4271	.4927

Alfa de Cronbach = .6075
Fonte: Dados de pesquisa.

Tabela 34 - Consistência Interna - Lealdade
2ª Dimensão

	Correlação item-total	Alfa se item retirado
L1	.5138	.
L4	.5138	.

Alfa de Cronbach = .6691
Fonte: Dados de pesquisa.

Tabela 35 - Matriz Fatorial - Imagem

Itens da escala	Dimensionalidade	
	1	2
I5	0.80	
I7	0.78	
I4	0.77	
I2	0.75	
I1	0.74	
I8	0.73	
I10	0.70	
I11	0.46	
I6	0.34	
I9		0.69
I3		0.45

Método de extração: Fatoração pelos eixos principais.
Método de rotação: Oblíquo.
Fonte: Dados de pesquisa.

Finalmente, constata-se que o construto *Imagem* apresentou dois fatores (Tabela 35). Inicialmente, o primeiro fator (Tabela 36) apresentou um nível de consistência de 0,88. Não obstante a superação do valor mínimo de corte, o autor esforçou-se na obtenção de um valor próximo de 1. Dessa forma, retirou o item 6 para permitir um valor de Alfa de Cronbach de 0,90 (Tabela 37). Já o segundo fator, envolvendo os itens 13 e 19, não se mostrou internamente consistente, pois atingiu um valor de Alfa de Cronbach aquém do mínimo exigido, ou seja, 0,60 (Tabela 38).

Após verificação da dimensionalidade e consistência interna, criaram-se índices que refletissem os fatores extraídos, obviamente, quando isso era necessário. Assim sendo, a criação de índices somatórios ocorreu nos construtos *Lealdade*, *Qualidade* e *Satisfação*. Os demais construtos (*Imagem*, *Valor* e *Expectativas*) mostraram-se unidimensionais, o que implicou utilização dos itens individualmente na constituição dos construtos.

Tabela 36 - Consistência Interna - Imagem
1ª Dimensão

	Correlação item-total	Alfa se item retirado
I1	.6742	.8677
I2	.6901	.8664
I4	.7090	.8650
I5	.7315	.8637
I6	.3326	.8958
I7	.7217	.8633
I8	.6574	.8694
I10	.7216	.8647
I11	.4957	.8818

Alfa de Cronbach = .8840
Fonte: Dados de pesquisa.

Tabela 37 - Consistência Interna - Imagem
1ª Dimensão - Com a retirada do item 6

	Correlação item-total	Alfa se item retirado
I1	.6754	.8828
I2	.6882	.8823
I4	.7191	.8788
I5	.7442	.8770
I7	.7190	.8789
I8	.6686	.8835
I10	.7378	.8778
I11	.4868	.8986

Alfa de Cronbach = .8958
Fonte: Dados de pesquisa.

Tabela 38 - Consistência Interna - Imagem
2ª Dimensão

	Correlação item-total	Alfa se item retirado
I3	.3597	.
I9	.3597	.

Alfa de Cronbach = .5290
Fonte: Dados de pesquisa.

Análise de confiabilidade por meio da variância extraída

Não obstante seu uso intenso na avaliação de confiabilidade de escalas, Hair *et al.* (1998) apontam limitações no coeficiente Alfa de Cronbach. Para eles, no cálculo da confiabilidade por meio do Alfa de Cronbach, não se consideram os erros nos indicadores. Dessa forma, os autores encorajam a utilização da Confiabilidade Composta e da Variância Extraída por meio de análise fatorial confirmatória. As fórmulas 02 e 03 envolvidas nesses cálculos são apresentadas a seguir:

(02) $$\text{Confiabilidade Composta} = \frac{(\sum(\lambda))^2}{(\sum\lambda^2 + \sum\varepsilon)}$$

(03) $$\text{Variância Extraída} = \frac{(\sum\lambda^2)}{(\sum\lambda^2 + \sum\varepsilon)}$$

Onde :

- λ representa as cargas padronizadas que ligam os indicadores ao construto
- ε representa os erros associados aos indicadores

Segundo os autores, a Confiabilidade Composta deve exceder 0,50, o que, grosso modo, corresponde a uma carga padronizada de 0,70.

Conforme anteriormente salientado, para os cálculos da Confiabilidade do Construto e da Variância Extraída recorreu-se à Análise Fatorial Confirmatória.

Em relação à interpretação das medidas obtidas para a Confiabilidade do Construto, seguindo-se a recomendação de Hair *et al.* (1998, p. 612) foram considerados como satisfatórios valores iguais ou superiores a 0,50, tanto para a Confiabilidade Composta como para a Variância Extraída. Os autores afirmam, no entanto, que valores menores podem ser aceitos, dependendo das características da pesquisa, a critério do pesquisador.

Excetuando-se o construto *Lealdade*, todos os demais construtos atingiram valores acima de 0,50 (Tabela 39).

Tabela 39 - Avaliação da validade dos construtos por meio da Confiabilidade e Variância Extraída

Itens da escala por construto			Cargas padronizadas	Cargas padronizadas elevadas ao quadrado	Erro de mensuração	Confiabilidade do construto	Variância extraída
S_F1	←	Satisfação	0.779	0.607	0.393	0.78	0.65
S_F2	←		0.696	0.484	0.516		
S_F3	←		0.719	0.517	0.483		
E5	←	Expectativas	0.913	0.834	0.166	0.89	0.86
E4	←		0.895	0.801	0.199		
E3	←		0.751	0.564	0.436		
E1	←		0.579	0.335	0.665		
I11	←	Imagem	0.711	0.506	0.494	0.82	0.73
I10	←		0.821	0.674	0.326		
I8	←		0.786	0.618	0.382		
I1	←		0.771	0.594	0.406		
I2	←		0.756	0.572	0.428		
I7	←		0.798	0.637	0.363		
I4	←		0.823	0.677	0.323		
I5	←		0.833	0.694	0.306		
Q_F4	←	Qualidade	0.916	0.839	0.161	0.89	0.86
Q_F3	←		0.808	0.653	0.347		
Q_F2	←		0.846	0.716	0.284		
Q_F1	←		0.910	0.828	0.172		
V5	←	Valor	0.827	0.684	0.316	0.86	0.80
V4	←		0.834	0.696	0.304		
V3	←		0.791	0.626	0.374		
V1	←		0.727	0.529	0.471		
L2	←	Lealdade	0.81	0.344	0.656	0.44	0.19*
L3	←		0.43	0.815	0.185		
L5	←		0.46	0.788	0.212		

*Valor inferior a 0.50 conforme preconizam Hair et al. (1998, p. 612)
Fonte: Dados de pesquisa.

Análise da validade discriminante

A análise discriminante objetiva verificar em que medida as escalas medem o que se propõem medir, ou seja, espera-se que nessa análise os construtos não se correlacionem fortemente (próximo de 1) entre si.

A validade discriminante foi realizada seguindo o procedimento recomendando por Bagozzi, Yi e Lynn (1991). Para isso, testa-se a correlação de construto par a par, através da modelagem por equações estruturais. A lógica desse tipo de análise consiste na comparação entre dois modelos testados para cada par de construtos; um modelo em que a covariância é forçada em 1, e outro modelo no qual a covariância é deixada livre. Calcula-se a diferença entre as estatísticas qui-quadrado obtidas pelos dois modelos. Se essa diferença ultrapassar 3,84 (qui-quadrado crítico a 1 grau de liberdade), constata-se que os construtos são diferentes, ou seja, são estatisticamente diferentes.

De acordo com a Tabela 40, constata-se que a validade discriminante foi atestada, uma vez que o valor referente à diferença entre qui-quadrados superou, em todos os pares, 3,84.

Tabela 40 - Avaliação da validade discriminante

	Par comparado	Correlação forçada em 1	Correlação livre	Diferença
1	Lealdade-Satisfação	416,99	200,67	216,32
2	Lealdade-Valor	440,68	266,31	174,37
3	Lealdade-Qualidade	308,34	262,91	45,43
4	Lealdade-Expectativas	255,13	210,31	44,82
5	Lealdade-Imagem	451,72	420,14	31,58
6	Satisfação-Valor	591,24	120,65	470,58
7	Satisfação-Qualidade	600,61	354,33	246,27
8	Satisfação-Expectativas	569,32	253,21	316,11
9	Satisfação-Imagem	323,64	371,62	47,99
10	Valor-Qualidade	1316,58	356,59	959,99
11	Valor-Expectativas	1127,05	458,14	668,91
12	Valor-Imagem	935,18	383,36	551,82
13	Qualidade-Expectativas	868,60	709,78	158,82
14	Qualidade-Imagem	504,20	359,97	144,23
15	Expectativas-Imagens	767,09	470,98	296,11

Fonte: Dados de pesquisa.

Validade convergente

A validade das escalas, que se refere à extensão das diferenças entre os escores observados das escalas, reflete diferenças reais nas características dos objetos que estão sendo mensuradas. Para verificar a validade convergente dos construtos, cada um deles foi submetido a uma análise fatorial confirmatória, buscando-se observar a significância da carga de cada item nos respectivos construtos. Tal procedimento é indicado por Bagozzi, Yi e Lynn (1984), bem como por Im, Grover e Sharma (1998). Sendo assim, cinco modelos de análise fatorial foram realizados, um por construto, e, em todos os casos, o valor da estatística t foi maior que 1,96, mostrando que a carga dos indicadores nos construtos é significativa estatisticamente.

Análise de Confiabilidade – Alfa de Cronbach e Unidimensionalidade e desenvolvimento da Escala de Qualidade Percebida em *Shopping Centers*

Após verificação da dimensionalidade e consistência interna, criaram-se índices que refletissem os fatores extraídos quando, obviamente, isso era necessário. A confiabilidade mensurada através do Alpha de Cronbach mostrou-se acima de 0,6 para todas as escalas envolvidas. Os detalhes sobre o desenvolvimento da Escala de Qualidade Percebida em *Shopping Centers* encontra-se detalhado nas Tabelas 04 e 41, como se segue.

A análise fatorial exploratória pelo método de extração de fatoração pelos eixos principais, método de rotação oblíquo, revelou cinco fatores, sendo que o quinto apresentou Alpha de Cronbach abaixo de 0,6 e variância explicada de 0,4, o que levou à sua retirada. Tais informações podem ser verificadas nas Tabelas 27, 28, 29, 30, 31 e 39, também demonstradas anteriormente.

Desse modo, a Escala de Qualidade Percebida em *Shopping Centers* apresenta quatro fatores, assim denominados:

Fator 1: Instalações e aparência dos funcionários

Fator 2: Atendimento e serviços prestados pelos funcionários

Fator 3: Disponibilidade e informação

Fator 4: Confiança

Tabela 41 - Fatores e Confiabilidade
Escala de Qualidade Percebida em *Shopping Centers*

(continua)

Itens da escala	Dimensionalidade				
	1	2	3	4	5
7. As instalações físicas e equipamentos do Betim Shopping têm aparência moderna	0,679				
4. O Betim Shopping é confortável	0,656				
3. As opções de lazer de Betim Shopping são as mais adequadas para mim	0,617				
6. Os funcionários do Betim Shopping têm aparência profissional	0,617				
12. Os funcionários do Betim Shopping demonstram capacidade de fazer os clientes se sentirem seguros ao serem atendidos	0,525				
1. As Instalações físicas do Betim Shopping são visualmente atraentes	0,475				
10. Os funcionários do Betim Shopping são confiáveis.	0,401				
09. Os funcionários do Betim Shopping são ágeis no atendimento ao cliente		0,813			
08. Os funcionários do Betim Shopping lidam de maneira cuidadosa com os clientes		0,642			
14. Os funcionários do Betim Shopping entendem minhas necessidades específicas		0,468		0,337	
24. O Betim Shopping realiza os serviços conforme o prometido		0,430	0,351		
18. O Betim Shopping e seus funcionários usam de presteza do atendimento		0,407			
20. Os funcionários do Betim Shopping estão sempre à disposição para me ajudar			0,481		

Fonte: Dados de pesquisa.

Tabela 41 - Fatores e Confiabilidade
Escala de Qualidade Percebida em *Shopping Centers*

(conclusão)

Itens da escala	Dimensionalidade				
	1	2	3	4	5
23. O Betim Shopping tem interesse sincero em resolver os problemas na prestação de seus serviços			0,442		
19. O Betim Shopping mantém os clientes informados sobre seu dia-a-dia			0,406		
21. O Betim Shopping cumpre todos os prazos prometidos				0,622	
13. Os horários de funcionamento do Betim Shopping são convenientes				0,479	
16. Os funcionários do Betim Shopping fornecem atenção individual ao cliente				0,449	
22. O Betim Shopping faz as coisas certas na primeira vez				0,409	
17. O Betim Shopping se preocupa, sinceramente, em fazer o melhor pelos clientes					0,567
11. Os funcionários do Betim Shopping demonstram conhecimento para responder às perguntas dos clientes					0,467
Variância explicada (%)	44,36	5,02	2,61	1,72	1,45
Alfa de Cronbach	0,91	0,86	0,68	0,77	0,48

Fonte: Dados de pesquisa.

FASE EXPLICATIVA

Equações estruturais – metodologia e aplicação técnica

Conforme Hair *et al.* (1998), equações estruturais têm sido utilizadas em quase todos os campos de estudo, incluindo-se *marketing*, gestão, comportamento organizacional e até genética. A razão para esse fato está calcada em dois elementos: (1) provê um método para lidar com múltiplos relacionamentos simultaneamente, enquanto provê eficiência estatística; (2) sua habilidade em avaliar os relacionamentos de forma abrangente e prover uma transição da análise exploratória para a confirmatória.

Essa transição corresponde a grandes esforços em todos os campos de estudo, de modo a desenvolver uma visão mais sistemática e holística dos problemas. Esses esforços requerem a habilidade de testar uma série de relacionamentos de um modelo em larga escala, um conjunto de princípios fundamentais ou uma teoria. Dessa forma, a Modelagem de Equações Estruturais foi escolhida como técnica multivariada adequada para verificação do modelo desta pesquisa.

Número de observações necessárias para equações estruturais

Segundo Hair *et al.* (1998), observando-se critérios para análise multivariada com equações estruturais, o tamanho absoluto da amostra deve ser maior que o número de covariâncias ou correlações na matriz. Um número típico de dez respondentes por parâmetro a ser estimado foi aplicado, porém, é mais indicado ter dez respondentes. Quando são violados os pressupostos de normalidade, o número de respondentes por parâmetro deve aumentar até o limite de 20 respondentes por parâmetro.

O número de parâmetros a estimar pode ser calculado pela fórmula 04:

(04) $\qquad XN = (x+i+f+c+(i-v)+e)$

Onde:

- x = número de variáveis exógenas (uma variância para ser estimada em cada);
- i = número de variáveis indicadoras (um erro para ser estimado em cada);
- f = número de fatores endógenos;

- c = número de correlações entre variáveis latentes (setas duplas entre latentes no modelo);
- (i-v) = número de variáveis indicadoras i menos o número de variáveis latentes (as setas entre os indicadores e latentes devem ser calculadas menos uma seta por latente, que tem o peso igual a um);
- e = número de efeitos diretos (setas entre latentes ou variáveis não indicadoras)
- XN = n° de respondentes

No caso do modelo total desta pesquisa tem-se: (2+26 +4+0+(26-6)+7). Desse modo, precisamos de, no mínimo, 5 x 59 = 295 respondentes e, no máximo, 20 x 59 = 1.180 respondentes.

Na pesquisa, obteve-se 893 respostas válidas. Nesse sentido, pode-se optar por testes de modelos parciais através da redução do número de parâmetros a estimar, seguindo uma das possibilidades:

- redução do número de variáveis endógenas
- redução do número de variáveis exógenas
- redução do número de indicadores
- redução do número de correlações entre variáveis latentes
- redução dos caminhos (conexões entre variáveis)

Observa-se que, com o objetivo de testar as hipóteses, pode-se criar submodelos teoricamente representativos, com menos parâmetros a estimar. A metodologia de teste de modelos competitivos é aconselhada por diversos autores em equações estruturais. Nesse procedimento, uma alternativa é manter ao máximo os caminhos e o número de construtos possíveis nos modelos alternativos, de modo a testar as relações estruturais e as hipóteses de forma mais abrangente.

Com o objetivo de reduzir o número de parâmetros a estimar, pode-se adotar critérios de aceitação de confiabilidade mais rígidos metodologicamente, com indicadores na análise de validade convergente, retirando-se os indicadores conforme esses critérios. Diversos autores, tais como Im, Grover e Sharma (1998), defendem que três é o número mínimo de indicadores para medir satisfatoriamente um construto. Desse modo, essa análise mais rígida dos indicadores, de modo a retirar aqueles menos confiáveis, teria como premissa manter, no mínimo, três indicadores por construto.

Um critério é eliminar os indicadores com menor índice de confiabilidade (Hair *et al.* (1998), elevando-se como conseqüência a confiabilidade composta dos construtos. Essa ação deve ser tomada assegurando-se ainda que parâmetros como Alpha de Cronbach, verificação de unidimensionalidade, validades convergentes e discriminantes de construtos tenham sido realizados e testados de forma satisfatória.

Procedimento similar foi adotado por Menon *et al.* (1998), possibilitando teste e validação de modelo de forma estatisticamente significativa através de equações estruturais. Outro critério, conforme aconselha Hair *et al.* (1998), trata de excluir os indicadores com resíduos normalizados maiores que ± 2,58.

Cabe ressaltar que, em uma grande parte das pesquisas que utilizaram Equações Estruturais, citadas em estudo realizado nos Estados Unidos, observa-se que a relação do número de observações/parâmetros a estimar era menor que 5, e em quase 60% destas a relação era inferior a 10, o que teoricamente representa um número menor que o aconselhado pela literatura pertinente (Im, Grover e Sharma, 1998). Tal fato talvez explique por que o "p-valor" dos modelos testados, geralmente, aproxima-se de zero, contribuindo para conclusões de que os modelos possuem ajuste pobre, ou mesmo levando os autores a optarem por regressões na fase explicativa de suas pesquisas.

Testes de modelos estruturais

Optou-se pelo processo de estimação direta, utilizando-se como matriz de entrada a matriz de covariância, conforme aconselha Hair *et al.* (1998). O método de estimação escolhido para esta pesquisa foi ML, o que segundo Hair *et al.* (1998) é um método de estimação adequado quando os dados são moderadamente não normais, levando-se em conta o tamanho possível da amostra. A premissa de normalidade é particularmente importante quando da escolha do método de estimação. O método Máxima Verossimilhança (*Maximum Likelihood*, ML, no original, em inglês) tem sido a abordagem mais comumente utilizada na modelagem de equações estruturais, mas pode se mostrar inadequado, uma vez que pressupõe a normalidade multivariada – premissa freqüentemente violada. Chou e Bentler (1995) destacam uma extensa investigação sobre a robustez do método ML em relação à violação da normalidade multivariada e concluem que a estimativa máxima verossimilhança tem sido considerada razoavelmente robusta à violação da normalidade.

As relações estruturais para validação de hipóteses e modelos foram realizadas utilizando-se o software AMOS 4.0 da SPSS. O modelo estimado é apresentado na Figura 07.

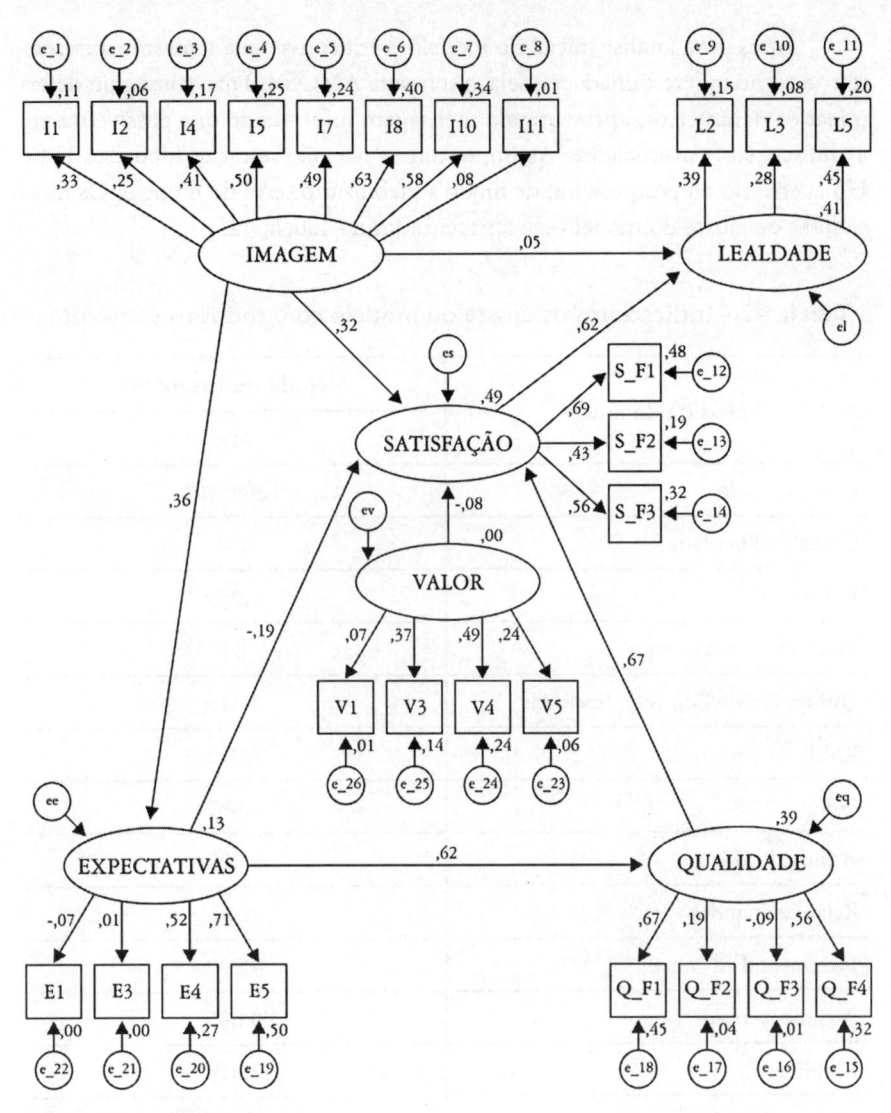

Qui-quadrado: 1289,314
Graus de liberdade: 291
Valor de probabilidade: ,000

Figura 07 - Modelo ECSI modificado - ML - Cargas Padronizadas

Após uma análise inicial do modelo, verificou-se que o mesmo apresentou-se como indeterminado, ou seja, o software AMOS 4.0 não conseguiu determinar os parâmetros, apresentando mensagem informando que possivelmente a amostra seria insuficiente. Assim, optou-se por não testar as hipóteses H4 e H3, a critério do pesquisador, de modo a viabilizar o teste do modelo. Os indicadores de ajuste do modelo são apresentados na Tabela 42.

Tabela 42 - Indicadores de ajuste do modelo com todos os construtos

Medida de ajuste	Método de Estimação
	ML
Qui-quadrado	1289,314
Graus de liberdade	291
P-valor	0,000
Número de parâmetros	60
Qui-quadrado/Graus de liberdade	4,413
RMR	2,946
GFI	0,889
Adjusted GFI	0,889
Relative fit index	0,16
Incremental fit index	0,299
Parsimony ratio	0,895
RMSEA	0,069

Percebe-se que o teste estatístico não foi capaz de aceitar a hipótese nula de igualdade entre as matrizes de covariância dos dados coletados e estimada através do modelo proposto (p-valor igual a zero). Assim, o ajuste absoluto não existiu. O valor do RMSEA é menor que 0,08, indicando um ajuste aceitável do modelo. Os outros principais índices de ajuste incremental (GFI, AGFI, NNFI, CFI) se aproximam bastante do valor de corte de 0,90. Outro resultado que contribui para essa aceitação do modelo é o qui-quadrado normalizado (c^2/gl), cujo valor deve ser inferior a 3,0, conforme observa Latif (2000, p. 60). Como o resultado foi de 4,413, próximo do desejável, conclui-se que o modelo é aceitável.

De acordo com a Tabela 43, o valor crítico de t, ao nível de 5%, é superior a 1,96, mostrando que os pesos nos caminhos são estatisticamente significativos, exceto os caminhos entre valor/satisfação, expectativas/satisfação, bem como entre imagem/lealdade.

Tabela 43 - Testes das hipóteses referentes às ligações entre construtos - ML - cargas não padronizadas

Hipóteses			Estimação	Erro Padrão	Valor Crítico	Valor P
Expectativas	←	Imagem	0,681	0,153	4,463	0,000
Qualidade	←	Expectativas	0,338	0,059	5,676	0,000
Satisfação	←	Qualidade	1,12	0,204	5,485	0,000
Satisfação	←	**Valor**	**-0,176**	**0,179**	**-0,983**	**0,326**
Satisfação	←	Imagem	0,55	0,13	4,23	0,000
Satisfação	←	**Expectativas**	**-0,175**	**0,1**	**-1,758**	**0,079**
Lealdade	←	**Imagem**	**0,096**	**0,164**	**0,586**	**0,558**
Lealdade	←	Satisfação	0,692	0,142	4,856	0,000

Fonte: Dados de pesquisa
* Em negrito encontram-se as hipóteses rejeitadas

Teste de hipóteses de pesquisa

Os diversos modelos realizados permitem a verificação das hipóteses dos problemas nos escopos estruturais dos construtos envolvidos em cada um deles, bem como as limitações inerentes. Procedeu-se à elaboração do quadro referencial (Tabela 44), que permite a avaliação dos relacionamentos hipotéticos propostos.

Tabela 44 - Testes de Hipóteses - Avaliação dos relacionamentos hipotéticos

Hipótese	Relacionamento Hipotético	Resultado Obtido
H1 - Há um impacto positivo das expectativas do cliente na qualidade percebida	Positivo	Confirmada[1]
H2 - Há um impacto positivo da qualidade percebida pelo cliente na satisfação	Positivo	Confirmada[1]
H3 - Há um impacto positivo da qualidade percebida pelo cliente no valor percebido	Positivo	Não verificada[2]
H4 - Há um impacto positivo das expectativas no valor percebido	Positivo	Não verificada[2]
H5 - Há um impacto positivo no valor percebido pelo cliente na satisfação	Positivo	Rejeitada[3]
H6 - Há um impacto positivo das expectativas do cliente na satisfação	Positivo	Rejeitada[3]
H7 - Há um impacto positivo da satisfação geral do cliente na propensão à lealdade	Positivo	Confirmada[1]
H8 - Há um impacto positivo da imagem nas expectativas	Positivo	Confirmada[1]
H9 - Há um impacto positivo da imagem na satisfação	Positivo	Confirmada[1]
H10 - Há um impacto positivo da imagem na propensão à lealdade do cliente	Positivo	Rejeitada[3]

Fonte: Dados de pesquisa.
[1] Estimativa é positiva e significante
[2] Estimativa é negativa e significante
[3] Estimativa não é significante

Conclusões

Através de uma análise inicial do modelo sob a ótica dos antecedentes da satisfação, observa-se que a qualidade percebida ($\beta = 0,67$) e imagem ($\beta = 0,32$) são os construtos que têm maior impacto sobre a satisfação na amostra estudada. Tal constatação concorda com os resultados de Fornell *et al.* (1996), que comprovou empiricamente ser a satisfação mais orientada à qualidade do que ao valor ou expectativas. Nesse sentido, organizações desse ramo de *shopping centers* devem investir seus esforços primariamente em qualidade e imagem, para obterem lealdade e satisfação de seus clientes. Por outro lado, o desenvolvimento da escala de qualidade percebida em *shopping centers* apresentada neste trabalho pode ser de grande valor gerencial para os gestores desse tipo de instituição.

Já no que se refere à expectativa, verificou-se que esta teve impacto significativo negativo ($\beta = -0,19$) sobre a satisfação, o que contraria as hipóteses do modelo ECSI (Mendes; Saraiva, 2002). Esse resultado também foi encontrado de forma similar em alguns setores da economia por Fornell *et al.* (1996). Tais constatações levantam uma discussão sobre a teoria da desconfirmação das expectativas e resultados de Oliver (1997), quando comparados com modelos de avaliação de satisfação global, como o mensurado nesta pesquisa. Conforme o modelo de Oliver (1997), a satisfação decorre de avaliação das expectativas e do desempenho percebido. No caso estudado, leva-se a crer que expectativas mais altas reduzem a satisfação, levando possivelmente à desconfirmação negativa.

Por outro lado, o impacto do valor na satisfação não foi significativo, talvez porque sua avaliação se refira mais às lojas do que ao centro de compras em si. Porém, ficou patente que a imagem impacta na lealdade mediada pela satisfação, já que seu impacto direto na lealdade não mostrou-se significativo. Já o impacto da imagem nas expectativas foi significativo ($\beta = 0,36$), o que faz pleno sentido, uma vez que expectativas têm como antecedentes experiências anteriores e atitudes relativas à organização (Parasuraman *et al.* 1988).

No que se refere ao impacto da satisfação sobre a propensão à lealdade, o β de 0,62 demonstra a importância da satisfação para a obtenção da lealdade. Essa medição está em sintonia com grande parte das pesquisas realizadas, tais como a de Veiga (2002), e demonstra que a satisfação continua sendo uma grande arma para obtenção da lealdade. Reichheld e Sasser *et al.* (1990)

argumentam que na atualidade, em mercados altamente competitivos, alta satisfação apresenta baixa relação com a lealdade, sendo que os clientes mudam de fornecedor com foco em preço, tecnologia, marca e outros elementos. Mas, de acordo com os resultados desta pesquisa, a princípio, a propensão à lealdade proveniente da satisfação pode ser considerada como fator extremamente importante para *shopping centers*.

Verificando-se os resultados da análise fatorial, observa-se que o *shopping center*, na visão dos compradores é principalmente um provedor de facilidades físicas e de lazer. Desse modo, o consumidor parece diferenciar bem a qualidade das lojas da qualidade do *shopping*, sua administração e recursos.

O segundo e terceiro fatores referem-se principalmente aos funcionários do *shopping*, sua cordialidade, atendimento e presteza, demonstrando que, apesar de a maior parte daqueles que têm contato com cliente serem seguranças e pessoal de limpeza, os mesmos devem ser treinados e avaliados constantemente, pois afetam a percepção de qualidade dos clientes. A ausência excessiva de pessoal, obviamente, afeta a presteza e capacidade de atendimento do *shopping*, levantando possíveis ações que maximizem as avaliações de qualidade.

O quarto fator relaciona-se principalmente com confiança e credibilidade do shopping em se preocupar em fazer o melhor pelos clientes. Tal fato pode ser verificado com a comparação entre a qualidade dos serviços ofertados e as expectativas do cliente, o que reflete decisões gerenciais sobre o equilíbrio entre ganhar dinheiro/obter lucro e gastar dinheiro/melhorar a oferta, bem como da imagem gerada a partir das estratégias de comunicação e experiências do cliente.

Implicações acadêmicas

O estudo mostra que o modelo ECSI não é totalmente comprovável segundo o universo amostral utilizado, levando em consideração que dois caminhos do modelo seriam não significativos. Por outro lado, o estudo revela e valida uma escala de mensuração de qualidade percebida em *shopping centers*, o que certamente contribui para o desenvolvimento da teoria e aplicações gerenciais. Cabe ressaltar, ainda, que, sendo a qualidade o construto de maior impacto na satisfação, fica patente a importância de sua mensuração.

Implicações gerenciais

O estudo revela que os *shoppings* devem investir fortemente em qualidade percebida e imagem. Fornece também formas de mensurar os itens em que o *shopping* gerencialmente está forte ou fraco, no que se refere à qualidade e satisfação, fornecendo um instrumento prático para gestores e diretores dessas instituições.

As avaliações de qualidade percebida em *shopping center* referem-se essencialmente à sua infra-estrutura e ao atendimento pelos funcionários, o que implica indicações de elementos estratégicos para investimentos por empresas do setor. Por outro lado, uma mensuração de qualidade percebida com esta escala em *shoppings* distintos pode revelar qual deles tem a propensão de levar os consumidores à satisfação (vide modelo estrutural) e, logo, à lealdade e compras repetidas.

Se os dirigentes de shoppings quiserem manter seus clientes, necessitarão investir em qualidade e imagem, pois através delas conseguirão um maior grau de satisfação levando-os à lealdade.

LIMITAÇÕES E DIRETRIZES PARA FUTURAS PESQUISAS

Pelo fato de ser uma pesquisa que exige uma amostra considerável, é necessário maior tempo para aplicação do modelo proposto nesta pesquisa para outros *shopping centers*. Outra limitação para a realização desta pesquisa está relacionada ao modelo, que não foi testado por completo.

São inúmeras as possibilidades de pesquisa relacionadas à satisfação do consumidor em relação à indústria brasileira de *shopping centers*, uma vez que esse assunto até a presente data foi muito pouco explorado, mas após os resultados aqui obtidos percebe-se alguns temas que merecem atenção especial. São eles:

• O estudo foi realizado em um único *shopping center*. Sugere-se a repetição do estudo em outras unidades no país, bem como estudos de refinamento das escalas utilizadas.

• Continuidade da mensuração da presente pesquisa ao longo do tempo, visando uma avaliação da evolução da satisfação dos consumidores do setor de *shopping centers*.

• Ampliação da aplicação da pesquisa no setor de *shopping centers*, porém em outras localidades do país, como forma de avaliar se existem diferenças no nível de satisfação dos consumidores conforme a região em que vivem.

• Aplicação da pesquisa no setor de *shopping centers*, porém com vistas a medir a satisfação, baseando-se em tamanho (número de lojas) dos *shoppings*, para verificar a relação tamanho do *shopping* x satisfação.

REFERÊNCIAS

AAKER, David A., KUMAR, V.; DAY, George S. *Marketing research*. New York: John Wiley & Sons, 1998.

ABRASCE - Associação Brasileira de Shopping Centers. Disponível em: <http://www.abrasce.com.br>, acesso em 17 de maio de 2003.

ANUP - Associação Nacional das Universidades Particulares (www.anup.com.br), 2002.

ARMSTRONG, J. Scott; OVERTON, Terry S. Estimating non response bias in mail surveys. *Journal of Marketing Research*, v. XIV, p. 396-402, August 1977.

BAGOZZI, Richard P.; YI, Youjae; LYNN, Philips W. Assessing construct validity in organizational research. *Administrative Science Quaterly*, v. 36, p. 421-458, 1991.

BEBER, Sedinei José Nardelli. *Estado atual dos estudos sobre a satisfação do consumidor.* (ENANPAD), 1999.

BOLLEN, Kenneth A. *Structural equations with latent variables*. New York: John Wiley e Sons, 1989.

CHAUVEL, Maria Agnes. *A satisfação do consumidor no pensamento de marketing*: revisão de literatura (ENANPAD), 1999.

CHURCHILL JR., Gilbert, A.; PETER, Paul J. *Marketing criando valor para os clientes*. São Paulo: Saraiva, 2000.

CHURCHILL JR., Gilbert A. *Marketing research* - methodological foundations. Fort Worth: The Dryden Press, 1995.

EDVARDSSON, Bo; JOHNSON, Michael D.; GUSTTAFSSON, Anders; STRANDVIK. The Effects of Satisfaction and Loyalty on Profits and Growth – Products versus Services, paper presented at the Conference of Customer Satisfaction: Theory an Menasurement, Vienna, May, 20/21, 1999.

ENGEL, J.; BLACKWELL, R. D.; MINIARD, P. W. *Consumer behavior*. Orlando: The Dryden Press, 1995.

FORNELL, C. A national customer satisfaction barometer: the swedish experience. *Journal of Marketing*, v. 56, p. 6-21, jan. 1992.

FORNELL, C. *et al*. O índice americano de satisfação do cliente: natureza, propósito e conclusões, 1996. In: BATESON, J. E. G.; HOFFMAN, K. D. *Marketing de serviços*. 4. ed. São Paulo: Bookman, 2001. p. 407-420.

FUMEC. Disponível em: <http://www.fumec.br>, acessado em 2002.

Garson G. David PA 765 Statnotes: *An online textbook*. Disponível na Internet em: <http://www2.chass.ncsu.edu/garson/pa765/statnote.htm>.

GERMAIN, Richard; CORNELIA Droge; DAUGHERTY, Patricia J. The efffect of just-in-time selling on organizational structure: an empirical investigation. *Journal of Marketing Research*, v. XXXI, p. 471-483, November 1994.

GONÇALVES, C. G.; GONÇALVES, C. A. *Produtos de sucesso – estratégias de marketing no processo de gestão do portfólio de novos produtos*: um estudo comparativo entre grandes organizações. Belo Horizonte: CEPEAD/NUME, 2001. (Relatório de Pesquisa).

HAIR, Joseph F.; ANDERSON, Rolph E.; TATHAM, Ronald L.; BLACK, William C. *Multivariate data analysis*. 5. ed. Upper Saddle River: Prentice Hall, 1998.

HATTIE, John. *Common problems in structural modeling*. Auckland: School of Education, University of Auckland - New Zealand, 1997. Disponível na Internet em: <http://www.arts.auckland.ac.nz/edu/staff/jhattie/struct_intro.html>.

HOWARD, John A. *Consumer behavior: application of theory*. New York: McGraw-Hill, 1997.

IM, Shin Kun; GROVER, Varun; SHARMA, Subhash. *The use of structural equation modeling in research*. Columbia: University of South Carolina, 1998. (Relatório)

JOBBER, David; O'REILLY, Daragh. Industrial Mail Surveys – a methodological update. *Industrial Marketing Management*, v. 27, p. 95-107, 1998.

JORESKOG, Karl; SORBOM Dag. *Lisrel 8 user's reference guide*. Chicago: SSI, 1998.

KOTLER, P. *Administração de marketing*. São Paulo: Atlas, 1994.

KOTLER, P.; ARMSTRONG, G. *Princípios de marketing*. Rio de Janeiro: Prentice Hall do Brasil, 1993.

LANCASTER, Kelvin. *Consumer demand*: a new approach. New York: Columbia University Press, 1971.

LEÃO, André Luiz Maranhão de Souza; MELLO, Sérgio C. Benício de. *Conhecendo o valor do cliente virtual*: uma análise utilizando a teoria de cadeias de meios-fim. (ENANPAD), 2002.

LI, T.; CALANTONE, R. J. The impact of market knowledge competence on new product advantage: Conceptualization and Empirical Examination. *Journal of Marketing*, v. 62, p. 13-29, October, 1998.

LIMA, Marjori Rosa Souto; NIQUE, Walter Meucci. *As dimensões da satisfação dos consumidores no ambiente virtual:* uma avaliação no varejo. (ENANPAD), 2002.

MALHOTRA, Naresh K. *Pesquisa de marketing:* uma orientação aplicada. 2. ed. Upper Saddle River: Bookman, 2001.

MENDES, S. O. D. A.; SARAIVA, P. M. *Comparação de técnicas de medição da satisfação de clientes.* Lisboa: Departamento de Engenharia Química da FCTUC, 2002.

MÜCKENBERGER, Everson. *O papel da satisfação, confiança e comprometimento na formação de intenções futuras de compra entre clientes com níveis de experiência diferenciados.* (ENANPAD), 2001.

NUNNALLY, Jum C.; BERSTEIN, Ira H. *Psycometric theory.* New York: McGraw Hill, 1994.

OLIVER, Richard L. *Satisfaction*: a behavioral perspective on the consumer. New York: McGraw-Hill, 1997.

PAQUALI, Luiz (Org.). *Instrumentos psicológicos:* manual prático de elaboração. Brasília: LabPAM/IBAPP, 1999.

PARASURAMAN, A.; BERRY, L. L.; ZEITHAML, V. A. SERVQUAL: a multiple-item scale for measuring consumer perceptions of service quality. *Journal of Marketing,* v. 64 (Spring), p. 12-40, 1988.

PARASURAMAN, A.; ZEITHAML, V.; BERRY, L. Alternatives scales for measuring service quality: a comparative assessment based on psychometric and diagnostic criteria. *Journal of Retailing,* v. 70, n. 3, p. 201-230, 1994.

PARENTE, Juracy. *Varejo no Brasil.* São Paulo: Atlas, 2000.

PIZANI, L. Fonte: <http://www.phdbrasil.com.br/ci/crm/crm_artigo1.htm>. *A ciência da satisfação.*

PRADO, Paulo H. M. *Integração da qualidade percebida, resposta afetiva e satisfação no processo de compra/consumo de serviços* (ENANPAD), 2002.

ROSA, Fernando de; WAGNER, Kamakura A. *Pesquisas de satisfação de clientes e efeito halo: interpretações equivocadas?* (ENANPAD), 2001.

Semenik, R. *Princípios de marketing.* São Paulo: Atlas, 1998.

SEMENIK, R.; BAMOSSY, G. *Princípios de marketing:* uma perspectiva global. São Paulo: Makron Books, 1996.

SILVA, Raimunda Edna Xavier da Silva; FREITAS, Ana Augusta Ferreira. *Valor do cliente (Customer Equity):* discussão e aplicação de um modelo numa média empresa. (ENANPAD), 2002.

WOLFF, Fabiane. *Simbolismo no comportamento do consumidor*: construindo uma nova escala (ENANPAD), 2002.

Apêndice A
Questionário da pesquisa

Betim, 13 de outubro de 2003.

Prezado (a) cliente,

O Betim Shopping está realizando uma pesquisa de Satisfação de Clientes com o objetivo de melhorar sua atuação, e você foi selecionado para participar e concorrer a um DVD a ser sorteado no dia 28/10/2003 às 17h, no *mall* do Shopping.

Para isso você, simplesmente, terá de preencher sua ficha, responder a este questionário e entregá-lo ao nosso pesquisador. É importante lembrá-lo(a) de que sua sincera opinião é muito importante para o Betim Shopping.

Agradecemos antecipadamente sua colaboração.

Atenciosamente,

    Clodoaldo Nizza   Prof. Dr. Cid Gonçalves Filho
    Gerente de Marketing   Coordenador da Pesquisa

MODELO DE RESPOSTAS

Caso você esteja de acordo com a questão marque um X no número que mais se aproxima de sua opinião:

01. Adoro viajar para o nordeste

Discordo totalmente   1   2   3   4   5   **✘**   7   8   9   10   11   *Concordo totalmente*

02. Não gosto de minha mãe

Discordo totalmente   1   **✘**   3   4   5   6   7   8   9   10   11   *Concordo totalmente*

QUESTIONÁRIO

Marque com um X a alternativa que mais se aproxima de sua opinião

01. As instalações físicas do Betim Shopping são visualmente atraentes.

Discordo totalmente   1   2   3   4   5   6   7   8   9   10   11   *Concordo totalmente*

02. O Betim Shopping é um dos melhores em que já comprei.

Discordo totalmente   1   2   3   4   5   6   7   8   9   10   11   *Concordo totalmente*

03. Os funcionários do Betim Shopping estão sempre à disposição para me ajudar.

Discordo totalmente   1   2   3   4   5   6   7   8   9   10   11   *Concordo totalmente*

04. O Betim Shopping se preocupa com os clientes.

Discordo totalmente   1   2   3   4   5   6   7   8   9   10   11   *Concordo totalmente*

05. O Betim Shopping de um modo geral atende exatamente às minhas necessidades.

Discordo totalmente   1   2   3   4   5   6   7   8   9   10   11   *Concordo totalmente*

06. Os funcionários do Betim Shopping são confiáveis.

Em nenhum aspecto   1   2   3   4   5   6   7   8   9   10   11   *Em todos os aspectos*

07. O Betim Shopping não é o que eu esperava.

Discordo totalmente   1   2   3   4   5   6   7   8   9   10   11   *Concordo totalmente*

08. O Betim Shopping se preocupa, sinceramente, em fazer o melhor pelos clientes.

Discordo totalmente   1   2   3   4   5   6   7   8   9   10   11   *Concordo totalmente*

09. Estou satisfeito com minha decisão de fazer esta compra no Betim Shopping.

Discordo totalmente   1   2   3   4   5   6   7   8   9   10   11   *Concordo totalmente*

10. O Betim Shopping mantém os clientes informados sobre seu dia-a-dia.

Discordo totalmente   1   2   3   4   5   6   7   8   9   10   11   *Concordo totalmente*

11. O Betim Shopping oferece para mim um valor (conjunto de benefícios).

Muito baixo pelo que oferece   1   2   3   4   5   6   7   8   9   10   11   *Muito bom pelo que oferece*

12. Às vezes tenho dúvida se devo comprar no Betim Shopping novamente.

Discordo totalmente   1   2   3   4   5   6   7   8   9   10   11   *Concordo totalmente*

13. Se pudesse voltar atrás, faria a compra em outro shopping.

Discordo totalmente   1   2   3   4   5   6   7   8   9   10   11   *Concordo totalmente*

14. A variedade de lojas do Betim Shopping é a ideal.

Discordo totalmente   1 2 3 4 5 6 7 8 9 10 11   *Concordo totalmente*

15. Quando você optou pelo Betim Shopping, qual era sua expectativa de que tudo daria certo em sua visita?

Muito baixa   1 2 3 4 5 6 7 8 9 10 11   *Muito alta*

16. Sinto-me mal por ter comprado no Betim Shopping.

Discordo totalmente   1 2 3 4 5 6 7 8 9 10 11   *Concordo totalmente*

17. As instalações físicas e equipamentos do Betim Shopping têm aparência moderna.

Discordo totalmente   1 2 3 4 5 6 7 8 9 10 11   *Concordo totalmente*

18. Quanto é provável que você considere o Betim Shopping como sua primeira opção para compras?

Nem um pouco provável   1 2 3 4 5 6 7 8 9 10 11   *Extremamente provável*

19. Não estou feliz por ter comprado no Betim Shopping.

Discordo totalmente   1 2 3 4 5 6 7 8 9 10 11   *Concordo totalmente*

20. Quanto é provável que você fale positivamente sobre o Betim Shopping?

Nem um pouco provável   1 2 3 4 5 6 7 8 9 10 11   *Extremamente provável*

21. Quanto é provável que você compre novamente no Betim Shopping?

Nem um pouco provável   1 2 3 4 5 6 7 8 9 10 11   *Extremamente provável*

22. O Betim Shopping é confortável.

Discordo totalmente   1 2 3 4 5 6 7 8 9 10 11   *Concordo totalmente*

23. Estou seguro de ter feito a coisa certa ao optar pelo Betim Shopping.

Discordo totalmente   1 2 3 4 5 6 7 8 9 10 11   *Concordo totalmente*

24. Quanto é provável que você encoraje amigos e parentes a comprar no Betim Shopping?

Nem um pouco provável   1 2 3 4 5 6 7 8 9 10 11   *Extremamente provável*

25. Os funcionários do Betim Shopping têm aparência profissional.

Discordo totalmente   1 2 3 4 5 6 7 8 9 10 11   *Concordo totalmente*

26. Os funcionários do Betim Shopping demonstram capacidade de fazer os clientes se sentirem seguros ao serem atendidos.

Discordo totalmente   1 2 3 4 5 6 7 8 9 10 11   *Concordo totalmente*

27. Fazer compras no Betim Shopping é uma boa experiência.

Discordo totalmente   1 2 3 4 5 6 7 8 9 10 11   *Concordo totalmente*

28. Quando comparado com outros shoppings que você já visitou, você tinha expectativas que o Betim Shopping seria:

Muito pior que os outros 1 2 3 4 5 6 7 8 9 10 11 *Muito melhor que os outros*

29. Eu realmente gosto do Betim Shopping.

Discordo totalmente 1 2 3 4 5 6 7 8 9 10 11 *Concordo totalmente*

30. O Betim Shopping tem uma contribuição importante para a sociedade regional.

Discordo totalmente 1 2 3 4 5 6 7 8 9 10 11 *Concordo totalmente*

31. Os funcionários do Betim Shopping demonstram conhecimento para responder às perguntas dos clientes.

Discordo totalmente 1 2 3 4 5 6 7 8 9 10 11 *Concordo totalmente*

32. O quanto é provável que você experimente outro shopping para a aquisição destes mesmos produtos?

Nem um pouco provável 1 2 3 4 5 6 7 8 9 10 11 *Extremamente provável*

33. O Betim Shopping me inspira ser um lugar seguro para mim e minha família.

Discordo totalmente 1 2 3 4 5 6 7 8 9 10 11 *Concordo totalmente*

34. Quando entrou no Betim Shopping, o quanto você considerava que suas dependências e lojas iriam satisfazer suas necessidades?

Não iriam satisfazer de forma alguma 1 2 3 4 5 6 7 8 9 10 11 *Iriam satisfazer totalmente*

35. Os funcionários do Betim Shopping fornecem atenção individual ao cliente.

Discordo totalmente 1 2 3 4 5 6 7 8 9 10 11 *Concordo totalmente*

36. As opções de lazer do Betim Shopping são as mais adequadas para mim.

Discordo totalmente 1 2 3 4 5 6 7 8 9 10 11 *Concordo totalmente*

37. Os funcionários do Betim Shopping entendem minhas necessidades específicas.

Discordo totalmente 1 2 3 4 5 6 7 8 9 10 11 *Concordo totalmente*

38. As placas, cartazes e sinalização do Betim Shopping têm boa aparência.

Discordo totalmente 1 2 3 4 5 6 7 8 9 10 11 *Concordo totalmente*

39. Minha escolha pelo Betim Shopping foi a mais sensata.

Discordo totalmente 1 2 3 4 5 6 7 8 9 10 11 *Concordo totalmente*

40. O item preços pode ser considerado:

Muito altos 1 2 3 4 5 6 7 8 9 10 11 *Muito baixos*

41. Os funcionários do Betim Shopping são ágeis no atendimento ao cliente.

Discordo totalmente   1   2   3   4   5   6   7   8   9   10   11   *Concordo totalmente*

42. O Betim Shopping pratica preços acessíveis.

Discordo totalmente   1   2   3   4   5   6   7   8   9   10   11   *Concordo totalmente*

43. Os horários de funcionamento do Betim Shopping são convenientes.

Discordo totalmente   1   2   3   4   5   6   7   8   9   10   11   *Concordo totalmente*

44. Os funcionários do Betim Shopping lidam de maneira cuidadosa com os clientes.

Discordo totalmente   1   2   3   4   5   6   7   8   9   10   11   *Concordo totalmente*

45. O Betim Shopping proporciona conforto durante minhas visitas.

Discordo totalmente   1   2   3   4   5   6   7   8   9   10   11   *Concordo totalmente*

46. O Betim Shopping possui um ambiente agradável.

Discordo totalmente   1   2   3   4   5   6   7   8   9   10   11   *Concordo totalmente*

47. O Betim Shopping e seus funcionários usam de presteza no atendimento.

Discordo totalmente   1   2   3   4   5   6   7   8   9   10   11   *Concordo totalmente*

48. Tendo em mente a qualidade do Betim Shopping, como você avalia os preços praticados pelo mesmo?

Muito altos   1   2   3   4   5   6   7   8   9   10   11   *Muito baixos*

49. O Betim Shopping dá atenção individualizada aos clientes.

Discordo totalmente   1   2   3   4   5   6   7   8   9   10   11   *Concordo totalmente*

50. O Betim Shopping faz as coisas certas na primeira vez.

Discordo totalmente   1   2   3   4   5   6   7   8   9   10   11   *Concordo totalmente*

51. O Betim Shopping oferece lazer dentro do que eu procuro.

Discordo totalmente   1   2   3   4   5   6   7   8   9   10   11   *Concordo totalmente*

52. O Betim Shopping é estável e implantado no mercado.

Discordo totalmente   1   2   3   4   5   6   7   8   9   10   11   *Concordo totalmente*

53. O Betim Shopping tem uma variedade ideal no que tange às opções de compra.

Discordo totalmente   1   2   3   4   5   6   7   8   9   10   11   *Concordo totalmente*

54. Quais eram as suas expectativas globais de qualidade quando entrou no Betim Shopping?

Muito baixas   1   2   3   4   5   6   7   8   9   10   11   *Muito altas*

55. O Betim Shopping realiza os serviços conforme o prometido.

Discordo totalmente   1   2   3   4   5   6   7   8   9   10   11   *Concordo totalmente*

56. O Betim Shopping tem interesse sincero em resolver os problemas na prestação de seus serviços.

Discordo totalmente   1   2   3   4   5   6   7   8   9   10   11   *Concordo totalmente*

57. Como você avalia a qualidade do Betim Shopping, se comparada com os preços aqui praticados?

Muito alta   1   2   3   4   5   6   7   8   9   10   11   *Muito baixa*

58. O Betim Shopping é inovador e tem visão para o futuro.

Discordo totalmente   1   2   3   4   5   6   7   8   9   10   11   *Concordo totalmente*

59. O Betim Shopping cumpre todos os prazos prometidos.

Discordo totalmente   1   2   3   4   5   6   7   8   9   10   11   *Concordo totalmente*

60. Quando entrou no Betim Shopping, você esperava que fosse:

Péssimo   1   2   3   4   5   6   7   8   9   10   11   *Ótimo*

61. O Betim Shopping é um shopping em que se pode confiar.

Discordo totalmente   1   2   3   4   5   6   7   8   9   10   11   *Concordo totalmente*

62. Quando comparados os benefícios (atendimento, produto, comodidade) que tive ao comprar no Betim Shopping com os custos (preço, tempo, esforço), considero que os benefícios são:

Muito inferiores aos custos   1   2   3   4   5   6   7   8   9   10   11   *Muito superiores aos custos*

COMPLEMENTO

63. Quanto gastou nesta compra?

( ) até R$ 10,00
( ) De R$ 10,01 a R$ 15,00
( ) de R$ 15,01 a R$ 20,00
( ) de R$ 20,01 a R$ 50,00
( ) de R$ 50,01 a R$ 80,00
( ) de R$ 80,01 a R$ 100,00
( ) acima de R$ 100,00

64. Qual a loja que você mais gosta no Betim Shopping?
_____

65. Qual a loja que você não gosta no Betim Shopping?
_____

66. Como definiria a praça de alimentação?
( ) péssima   ( ) ruim   ( ) regular   ( ) boa   ( ) muito boa

67. Gostaria que o Betim Shopping oferecesse mais:
( ) shows   ( ) exposições   ( ) desfiles   ( ) outros: _____

68. Qual a melhor forma de o Betim Shopping comunicar-se com você?
( ) carro de som   ( ) *outdoor*   ( ) panfletos   ( ) televisão
( ) jornal: _____   ( ) rádio: _____

69. Gosto do Betim Shopping porque:
_____

70. Não gosto do Betim Shopping porque:
_____

71. Com qual freqüência você vem ao Betim Shopping?
( ) menos de 1 vez por semana
( ) 1 vez por semana
( ) 2 vezes por semana
( ) 3 vezes por semana
( ) mais de 3 vezes por semana

72. Quando vem ao Betim Shopping, qual seu dia de preferência?
( ) segunda-feira
( ) terça-feira
( ) quarta-feira
( ) quinta-feira
( ) sexta-feira
( ) sábado
( ) domingo

DADOS DEMOGRÁFICOS

73. Sexo: ( ) M   ( ) F

74. Idade: _____

75. Bairro: _____

76. Cidade: _____

77. Estado civil:

( ) solteiro   ( ) casado   ( ) divorciado   ( ) viúvo   ( ) outros: _____

78. Grau de escolaridade:

( ) 1º grau incompleto

( ) 1º grau completo

( ) 2º grau incompleto

( ) 2º grau completo

( ) superior

( ) pós-graduado

79. Renda familiar bruta:

( ) de 1 a 3 salários mínimos

( ) de 4 a 6 salários mínimos

( ) de 7 a 10 salários mínimos

( ) acima de 10 salários mínimos

80. Número de pessoas na família:

( ) 2

( ) 3

( ) 4

( ) 5

( ) 6

( ) acima de 6

O Betim Shopping agradece a sua participação!

Apêndice B
Análise Descritiva dos Dados

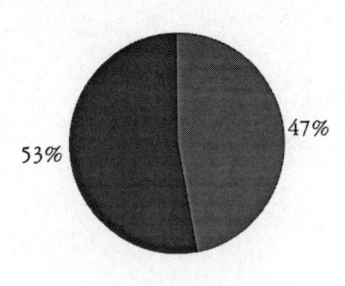

■ Masculino   ■ Feminino

Distribuição dos respondentes segundo o Gênero
Fonte: Dados de pesquisa.

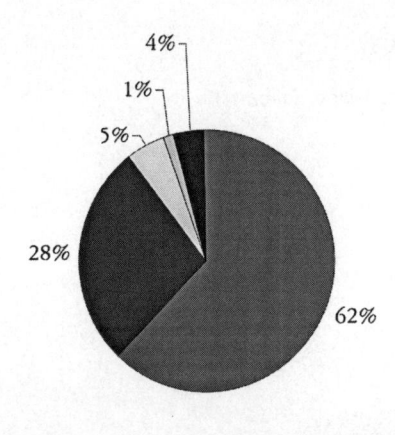

■ Solteiro   ■ Casado   ▢ Divorciado   ▢ Viúvo   ■ Outros

Estado civil dos respondentes
Fonte: Dados de pesquisa.

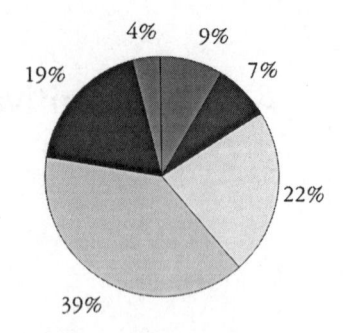

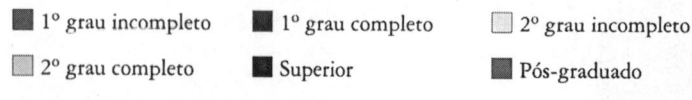

QUALIDADE E SATISFAÇÃO EM *SHOPPING CENTERS*

4% 9%
19% 7%
22%
39%

■ 1º grau incompleto   ■ 1º grau completo   ☐ 2º grau incompleto
☐ 2º grau completo   ■ Superior   ■ Pós-graduado

Nível de escolaridade dos respondentes
Fonte: Dados de pesquisa.

18% 5%
47%
30%

■ 1 a 3 S.M.   ■ 4 a 6 S.M.
☐ 7 a 10 S.M.   ☐ acima de 10 S.M.

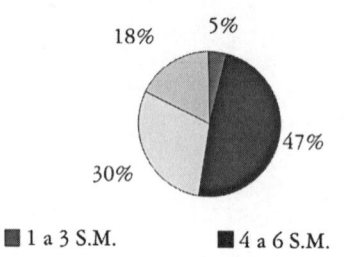

Renda dos respondentes (em número de salários mínimos)
Fonte: Dados de pesquisa.

9% 12%
14%
16%
23%
26%

■ duas   ■ três   ☐ quatro
☐ cinco   ■ seis   ■ acima de seis

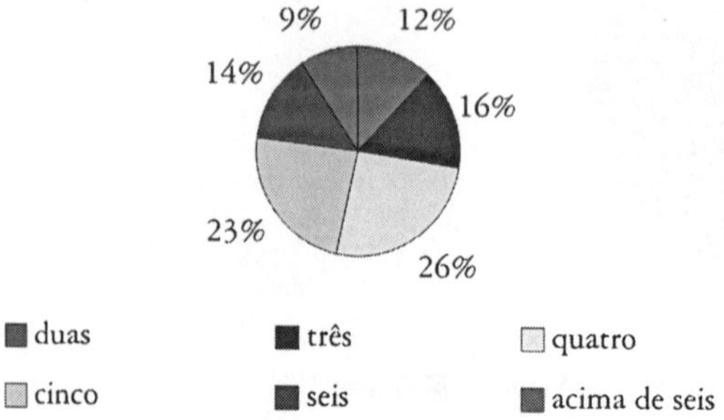

Número de pessoas na família
Fonte: Dados de pesquisa.

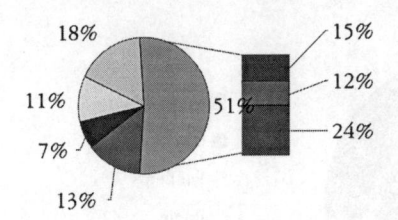

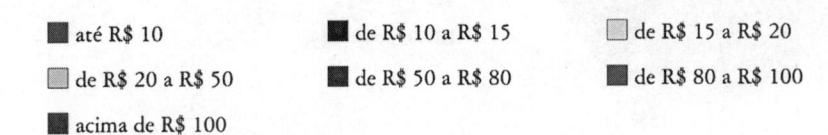

■ até R$ 10   ■ de R$ 10 a R$ 15   ☐ de R$ 15 a R$ 20
☐ de R$ 20 a R$ 50   ■ de R$ 50 a R$ 80   ■ de R$ 80 a R$ 100
■ acima de R$ 100

Distribuição dos consumidores segundo a renda
Fonte: Dados de pesquisa.

■ Péssima   ■ Ruim   ☐ Regular   ☐ Boa   ■ Muito boa

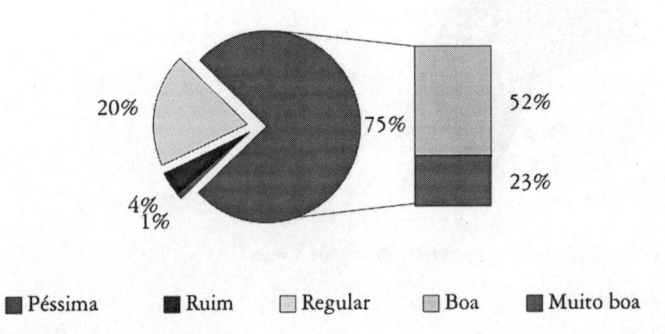

Avaliação da Praça de Alimentação
Fonte: Dados de pesquisa.

■ Shows   ■ Exposições   ☐ Desfiles   ☐ Outros

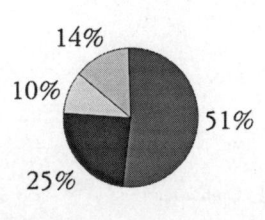

Gostaria que o Betim Shopping oferecesse mais...
Fonte: Dados de pesquisa.

QUALIDADE E SATISFAÇÃO EM *SHOPPING CENTERS*

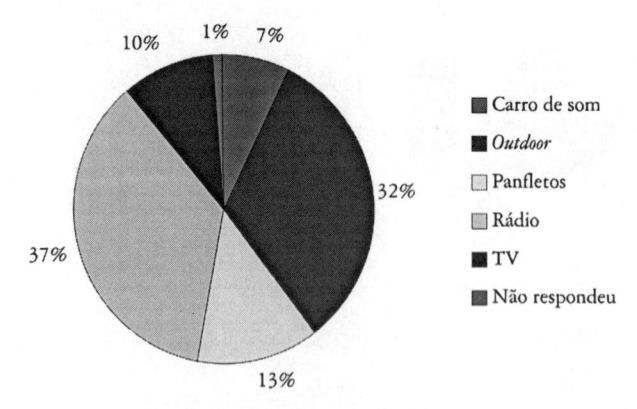

- Carro de som
- *Outdoor*
- Panfletos
- Rádio
- TV
- Não respondeu

Meio de comunicação que pode ser utilizado pelo Betim Shopping
Fonte: Dados de pesquisa.

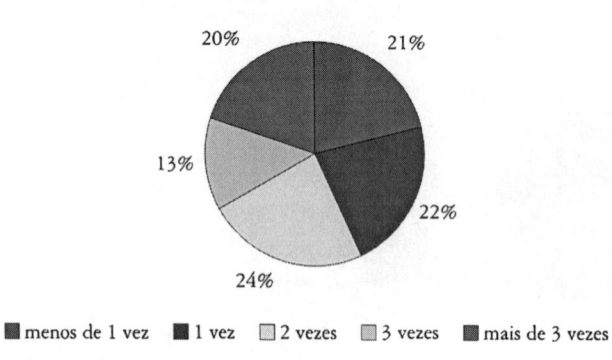

- menos de 1 vez
- 1 vez
- 2 vezes
- 3 vezes
- mais de 3 vezes

Freqüência de visitas por semana
Fonte: Dados de pesquisa.

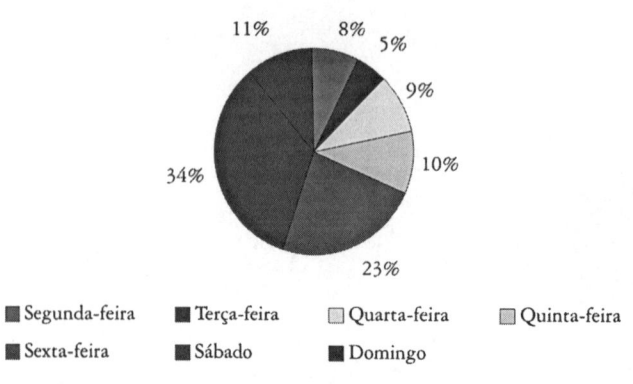

- Segunda-feira
- Terça-feira
- Quarta-feira
- Quinta-feira
- Sexta-feira
- Sábado
- Domingo

Dia da semana preferido do consumidor
Fonte: Dados de pesquisa.

114

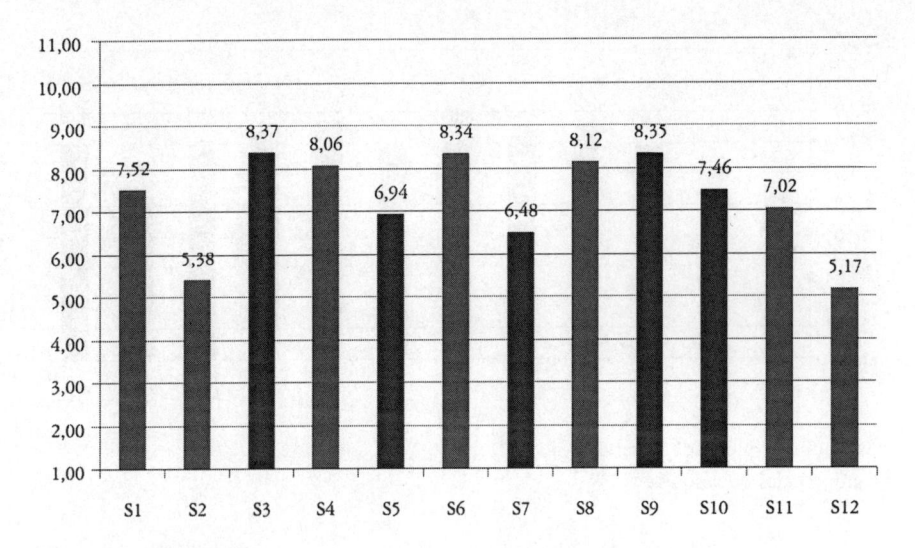

Avaliação da satisfação
Fonte: Dados de pesquisa.

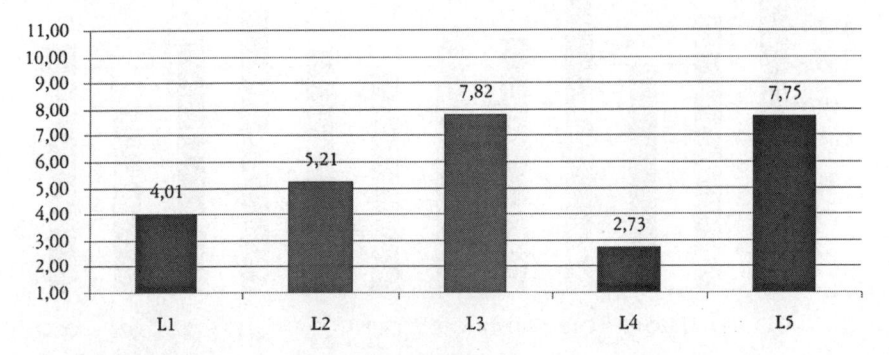

Propensão à lealdade
Fonte: Dados de pesquisa.

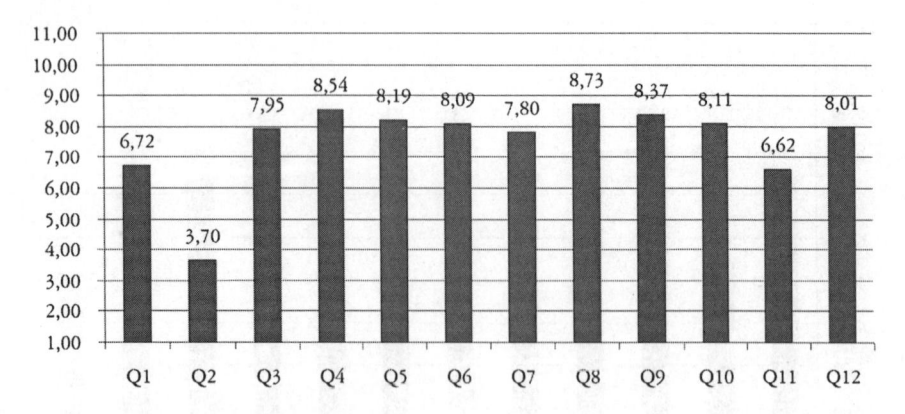

Avaliação da qualidade de serviço - Parte I
Fonte: Dados de pesquisa.

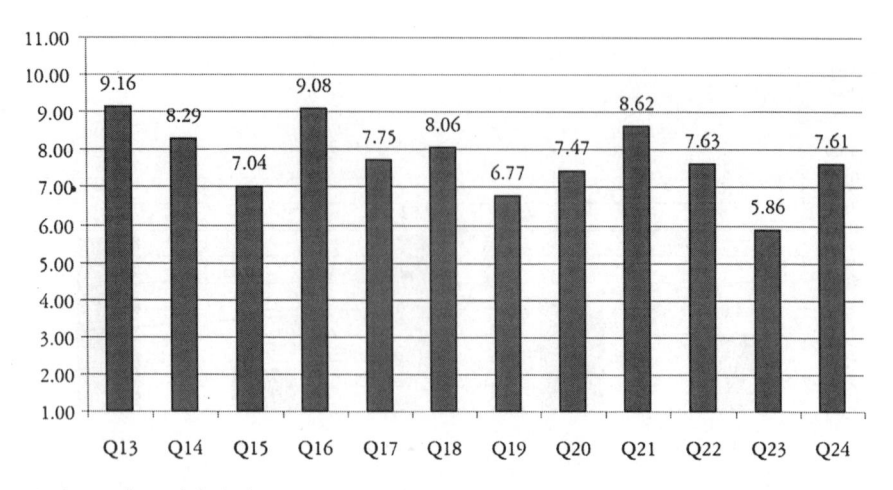

Avaliação da qualidade de serviço - Parte II
Fonte: Dados de pesquisa.

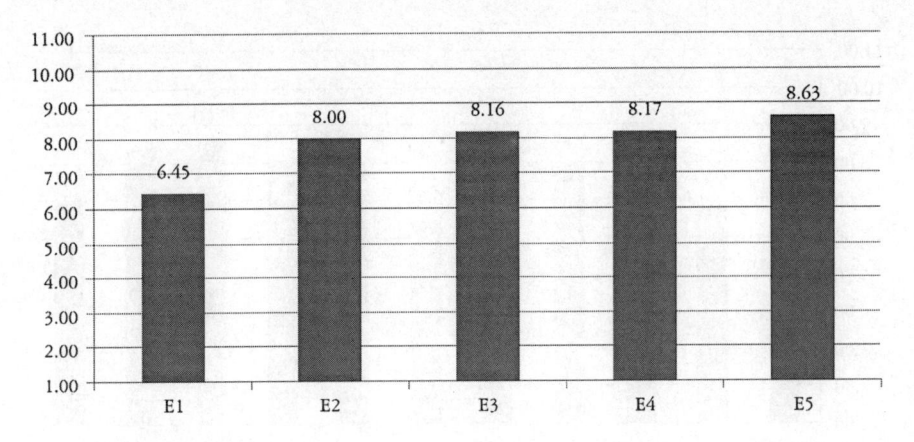

Avaliação das expectativas
Fonte: Dados de pesquisa.

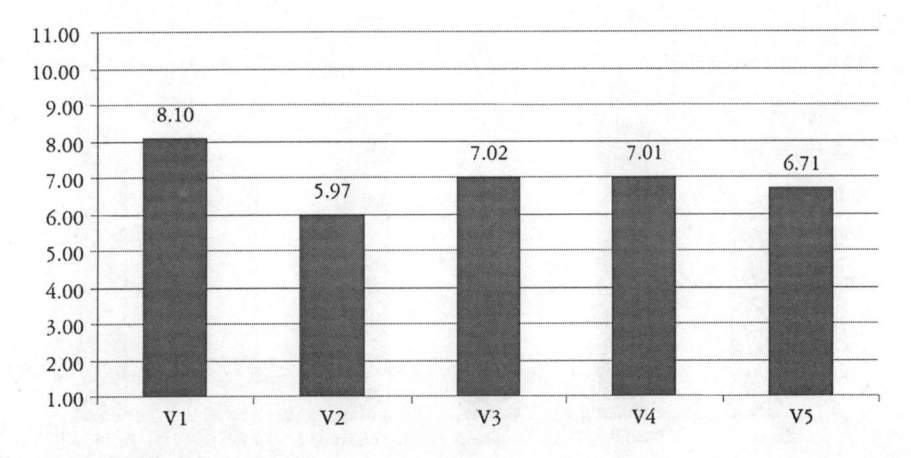

Percepção do valor pelo cliente
Fonte: Dados de pesquisa.

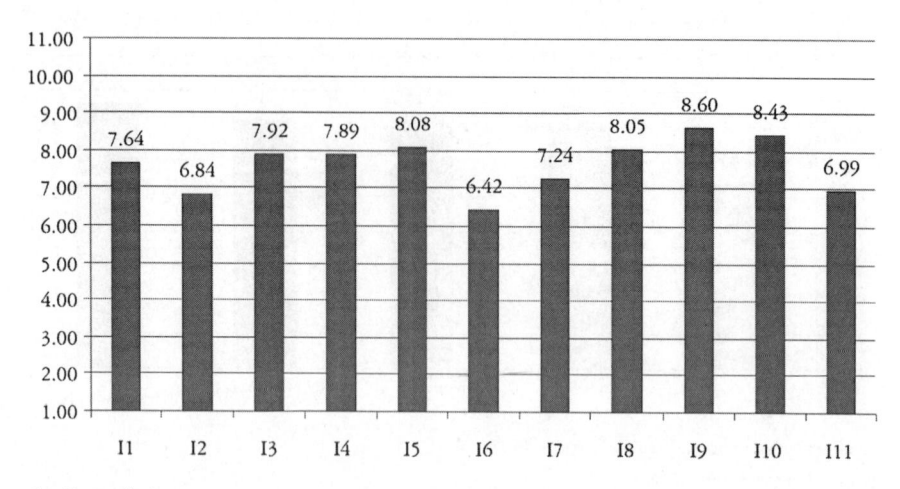

Avaliação da imagem
Fonte: Dados de pesquisa.

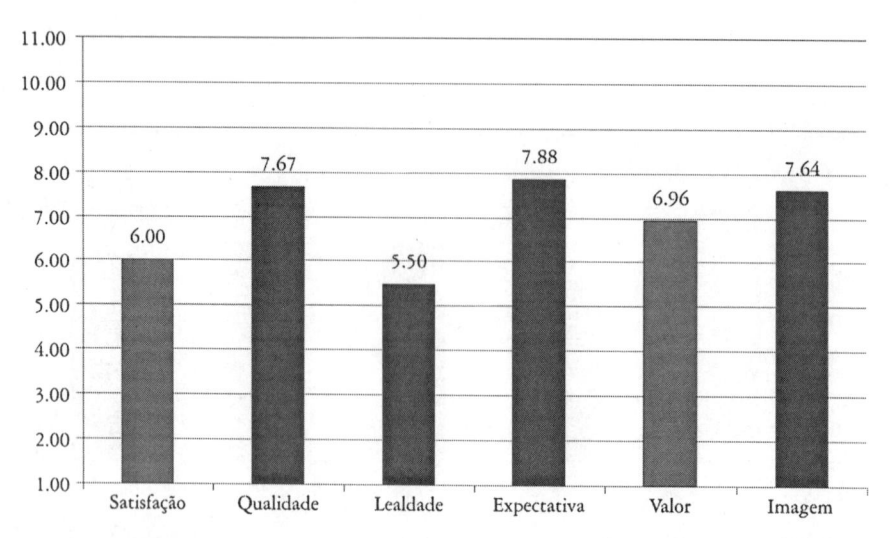

Comparação dos indicadores de desempenho
Fonte: Dados de pesquisa.

A presente edição foi composta pela Editora C/Arte em tipologia AmeriGarmnd BT 11 e impressa pela Gráfica e Editora O Lutador em sistema *offset*, papel *Offset* 90g (miolo) e cartão supremo 250g (capa).